Gute Elterngespräche in der Grundschule

✓ Hintergrundwissen
✓ Checklisten
✓ Praxisanleitungen

für alle Anlässe

Ulrike Lindner

Verlag an der Ruhr

Impressum

Titel
Gute Elterngespräche in der Grundschule
Hintergrundwissen, Checklisten und Praxisanleitungen für alle Anlässe

Autorin
Ulrike Lindner

Titelbildmotiv
© Yuri Arcurs – Fotolia.com

Bildnachweis siehe Seite 5.

Verlag an der Ruhr
Mülheim an der Ruhr
www.verlagruhr.de

Geeignet für die Klassen 1–4

ISBN 978-3-8346-2977-7

Printed in Germany

Inhaltsverzeichnis

Einleitung

Herzlichen Glückwunsch! Vor Ihnen liegt eine spannende und gewinnbringende Verabredung – das Gespräch mit einem oder beiden Elternteilen eines Grundschulkindes. Es bietet die Möglichkeit, Beobachtungen auszutauschen, Erreichtes zu besprechen und Verabredungen für die Zukunft zu treffen. Haben Sie trotzdem ein flaues Gefühl im Magen? Damit sind Sie nicht allein, Elterngespräche gehören nicht eben zu den beliebtesten Terminen im Lehrerkalender.

Aber warum ist das eigentlich so? Es könnte schließlich so einfach sein – miteinander reden! Im Grunde ziehen Pädagogen[1] und Eltern ja an einem Strang. Beide haben das Wohl des Kindes im Blick, seine gute Entwicklung und die optimale Förderung zu Beginn der so wichtigen Bildungslaufbahn. Im Gespräch mit Müttern und Vätern ließen sich also in einer idealen Welt ganz einfach und unkompliziert Informationen austauschen, Fakten weitergeben und Verabredungen treffen.

Die Voraussetzungen dafür, dass dieses Vorhaben gelingt, sind gut: Gerade in der Grundschule sind viele Eltern offen für die Vorschläge der Lehrkräfte. Als „Schulanfänger" vertrauen sie dem Fachverstand der Pädagogen und sind empfänglich für deren Anregungen. Der Schuleintritt stellt für die allermeisten Familien einen bedeutenden Einschnitt dar, auf den Eltern und Kinder seit Langem ungeduldig gewartet haben, mit dem viele Eltern jedoch auch Unsicherheit verbinden.
Als Grundschullehrkraft kommt Ihnen in dieser Situation eine wichtige Funktion als kompetenter Gesprächspartner, Berater und Lotse zu. Das gilt während der gesamten Grundschulzeit, in besonderer Weise aber zu Beginn und gegen Ende der gemeinsamen Jahre. Lehrer erleben die Grundschulkinder ganz anders als ihre Eltern und erhalten einen Einblick in deren geistige und soziale Entwicklung, an dem die Eltern naturgemäß gern Anteil haben möchten. Außerdem sind sie mit dem Schulsystem vertraut und können aufgrund ihrer Ausbildung und Erfahrung den Eltern wertvolle Hilfestellung bei vielen Entscheidungen anbieten.

Hinzu kommt: Je besser die Kommunikation zwischen Schule und Elternhaus organisiert ist, je reibungsloser der Informationsaustausch funktioniert, desto leichter ist es, Schüler individuell zu fördern und rechtzeitig einzugreifen, wenn sich die Notwendigkeit ergibt. Nicht ohne Grund gilt eine gute Zusammenarbeit zwischen Eltern und Schule als eine wichtige Voraussetzung für den Bildungserfolg.

---

[1] *Aus Gründen der besseren Lesbarkeit haben wir in diesem Buch durchgehend die männliche Form verwendet. Natürlich sind damit auch immer Frauen und Mädchen gemeint, also Lehrerinnen, Schülerinnen etc.*

Im Hinblick auf Kommunikation zwischen Schule und Elternhaus kommt dem direkten Gespräch zwischen Eltern und Lehrer dabei eine einzigartige Bedeutung zu. Hier wächst das gegenseitige Vertrauen, das im Konfliktfall unverzichtbar ist. Hier erfahren Lehrer etwas über die Lebenswelt ihrer Schüler und können Eltern ihre Fragen, Sorgen und Wünsche anbringen. Besonders im Verlauf der Grundschulzeit gibt es dazu viele Möglichkeiten, denn Eltern und Lehrkräfte begegnen einander bei zahlreichen Anlässen. Der Schulalltag ist von Gesprächen geprägt, die zwischen Eltern und Lehrkräften oder zunehmend auch zwischen Schule, Elternhaus und Kindern, geführt werden.

So finden geplante Elterngespräche statt als ...

- Gespräch beim Elternabend,
- Entwicklungsgespräch im Rahmen des Elternsprechtages,
- Beratungsgespräch in der Schule, telefonisch oder bei der Familie zu Hause,
- Versetzungsgespräch oder Beratung in Hinblick auf den Übergang zur weiterführenden Schule,
- Hilfe-Plan-Gespräch, auch im Beisein Dritter wie Therapeuten oder Sozialarbeitern,
- Konfliktgespräch.

Zu diesen geplanten Gesprächen, die sich zumindest zum Teil vorbereiten lassen, kommen zahllose ungeplante Gespräche „zwischen Tür und Angel". Diese spontanen Besuche im Klassenzimmer werden mit der Zeit zwar seltener, gehören jedoch gerade in den ersten Monaten mit einer neuen Klasse durchaus zum Alltag in der Grundschule.

Bildnachweis

Warum dieses Buch?

Dieses Buch soll als Handreichung für die vielfältigen Gespräche dienen, die Sie und Ihre Kollegen mit den Eltern führen, und dabei helfen, in Ihrer Schule eine gute Gesprächskultur zu entwickeln. Dazu ist es in **vier große Kapitel** gegliedert:

KAPITEL 1 (S. 7–16) ... zeigt die Rahmenbedingungen und Voraussetzungen für ein gelingendes Elterngespräch auf.

KAPITEL 2 (S. 17–52) ... beschäftigt sich mit der eigenen Rolle als Gesprächspartner und dem Blick aufs Gegenüber. Wer sich seiner eigenen Wirkung bewusst ist, die Signale der Körpersprache kennt und sicher und gelassen auftritt, kann selbstbewusst und überzeugend kommunizieren. Dazu gehört auch, das Gegenüber realistisch einzuschätzen. In Kapitel 2 dieses Buches erfahren Sie deshalb nicht nur viel Wissenswertes über die eigene Wirkung im Gespräch und wie sie sich verbessern lässt. Hier finden Sie auch Hinweise, die helfen, Ihre Gesprächspartner einzuschätzen und Tipps für gute Rahmenbedingungen.

KAPITEL 3 (S. 53–90) ... ist der Werkzeugkoffer für die Gesprächsführung. Er enthält Infos über die Grundlagen der Kommunikation im Gespräch sowie einen Überblick über die wichtigsten Instrumente der Gesprächsführung.

KAPITEL 4 (S. 91–155) ... stellt die wichtigsten Gesprächsanlässe in der Grundschule vor, vom regelmäßigen Elterngespräch beim Sprechtag über Beratungs- und Problemgespräche bis zum Gespräch bei einer Helferkonferenz. Checklisten helfen, diese Standardsituationen optimal vorzubereiten, durchzuführen und sie allein oder im Kollegenkreis zu reflektieren. Ein eigener Teil behandelt Konfliktgespräche und bietet Strategien für den Umgang mit den häufigsten Stolperfallen im Elterngespräch.

KAPITEL 1

Elterngespräche in der Grundschule

Voraussetzungen für gelingende Gespräche

Obwohl der Erfolg von Gesprächen im Schulalltag immer abhängig ist von einer Vielzahl von Faktoren, wie dem konkreten Gesprächsanlass, dem Schulstandort, der Zusammensetzung der Elternschaft, der individuellen Lebenssituation der Beteiligten und vielem mehr, tragen einige grundlegende Voraussetzungen dazu bei, diese ganz unterschiedlichen Gespräche zu „guten" oder erfolgreichen Gesprächen zu machen:

→ **In der Schule herrscht ein Klima des Willkommenseins für alle Eltern**
Ebenso wie ihre Kinder fühlen sich die Mütter und Väter bei ihren Besuchen in der Grundschule angenommen und willkommen. Im Elterngespräch, sei es geplant oder spontan, drückt sich dieses Klima des Willkommenseins durch einen wertschätzenden Umgang, Freundlichkeit, Offenheit und Respekt aus.

→ **Eltern werden als Gesprächspartner auf Augenhöhe erkannt**
Lehrkräfte gehen von der Annahme aus, dass Eltern Experten für ihre Kinder sind und deren Bestes anstreben. Begegnungen zwischen Lehrern als pädagogischen Fachkräften und Eltern als Experten für alle Belange ihrer Kinder finden daher auf Augenhöhe statt. Im Gespräch äußert sich das darin, dass Anmerkungen, Wünsche, Vorschläge und Kritik grundsätzlich ernst genommen werden und dass Lehrer nachvollziehbar und verständlich „in der Sprache des Gegenübers sprechen".

→ **Transparenz und Offenheit prägen den Umgang zwischen Schule und Elternhaus**
Neben der regelmäßigen und für die Eltern nachvollziehbaren Information über die pädagogische Arbeit (z. B. beim Elternabend) und die individuelle Situation des Kindes (z. B. beim Beratungs- oder Entwicklungsgespräch) beinhaltet dieser Grundsatz die ehrliche Bereitschaft zum Dialog. Transparenz wird im Gespräch spürbar, wenn Lehrkräfte offene Rückmeldung geben, den eigenen Standpunkt nachvollziehbar schildern und eigene Gefühle sowie die Emotionen der Gesprächspartner ernst nehmen. Sie zeigt sich ebenso in der Bereitschaft, die Eltern am Schulleben teilhaben zu lassen, und zwar nicht nur als „Hilfsarbeiter", die Kuchen backen und Fahrdienste übernehmen, sondern die im Sinne einer kooperativen Elternarbeit die Ressourcen der Familien bewusst nutzt.

Wie oft ist oft genug?

Je vertrauensvoller und intensiver das Verhältnis zu den Eltern ist, desto besser funktioniert die Kommunikation auch im Problemfall. Um das zu gewährleisten, gilt die **Faustregel**:

Je jünger die Kinder, desto häufiger sollte der Kontakt sein.

Empfehlenswert sind ...

- zwei bis vier Elternabende pro Schuljahr, gelegentliche Teilnahme von Klassen- und Fachlehrern an Elternstammtischen (wenn das von den Eltern erwünscht ist),
- ein regelmäßiger E-Mail-Newsletter mit aktuellen Infos zu Lernstand, Klassenklima und aktuellen Inhalten,
- regelmäßige Telefonate für aktuelle Informationen zum einzelnen Kind – bieten Sie z. B. an, pro Woche zwei oder drei Familien anzurufen und den Eltern eine kurze Rückmeldung zum jeweiligen Kind zu geben,
- neben Angaben zu Ihrer telefonischen Erreichbarkeit (hier sollten Sie Zeiten vorgeben) feste Sprechzeiten, zu denen die Eltern Sie auch ohne Anmeldung in der Schule antreffen können.

Die Beziehung zwischen Schule und Elternhaus

Eines ist klar: Damit Kommunikation zwischen Schule und Elternhaus erfolgreich stattfinden kann, braucht es mehr als gute Vorsätze. Das Konzept einer Kommunikation auf Augenhöhe muss Tag für Tag mit Leben gefüllt werden. Dazu gehört zum einen, dass das gesamte Kollegium die **eigene Einstellung** den Familien gegenüber in regelmäßigen Abständen überprüft und hinterfragt. Schulungen in Gesprächstechniken und die Reflexion im Rahmen von kollegialer Beratung oder Supervision sind geeignete Instrumente, um diese Selbst-Überprüfung zu verstärken, und liefern das notwendige methodische Handwerkszeug. Ebenso müssen in der täglichen Arbeit **konkrete Strukturen** geschaffen werden, die das Prinzip Erziehungs- und Bildungspartnerschaft für alle Beteiligten sichtbar und spürbar machen.

Das funktioniert auf mehreren Ebenen:

1. Arbeiten Sie mit **gut aufbereiteten Informationen**, die sich an den Interessen und den Fähigkeiten der Eltern orientieren und ihnen die pädagogische Arbeit der Grundschule und die Anforderungen an die Kinder transparent machen. Diese Informationen können in Form von **Portfolioarbeit** erfolgen, als **Elternbrief** schriftlich aufbereitet werden oder **mündlich** erfolgen. Sie werden z. B. bei der Anmeldung, in den Gesprächen beim Elternsprechtag oder im Verlauf eines Elternabends an alle Erziehungsberechtigten einer Klasse weitergegeben.

2. Führen Sie regelmäßig individuell angesetzte **Beratungsgespräche** mit den Eltern (und gelegentlich auch mit den Schülern). Dabei können Beratungsgespräche sowohl von den Lehrkräften als auch von Eltern initiiert werden. Wichtig ist, dass die grundlegende Offenheit der Schule zum Gespräch ebenso wie die wertschätzende Haltung den Familien gegenüber von Anfang an sichtbar ist und bleibt – auch im Konfliktfall.

3. Wichtig ist neben der Offenheit im Sinne von Transparenz, Gesprächsbereitschaft und Kritikfähigkeit vor allem der **regelmäßige Charakter** von Begegnungen zwischen Schule und Elternhaus. Verschiedene Gesprächsanlässe und wiederholte, auch bewusst herbeigeführte Kontakte ermöglichen erst ein gegenseitiges Kennenlernen als Voraussetzung für einen vertrauensvollen Umgang miteinander:

→ Wer erst zum Gespräch einlädt, wenn ein Problem auftaucht, darf sich über fehlendes Vertrauen nicht wundern.
→ Wenn Eltern sich in der Schule als lästige Eindringlinge empfinden, werden sie kaum die Bereitschaft aufbringen, sich über das aufs Kind bezogene Interesse hinaus für die Belange der Schule zu engagieren.

Nicht alle Eltern werden bereit oder in der Lage sein, an dieser Form von arbeitsintensiver Zusammenarbeit teilzunehmen. Als Angebot der Schule prägt sie jedoch die allgemeine Einstellung zueinander und trägt damit zu einem respektvollen Umgang bei.

4. Schließlich zeigt sich die Qualität der Bildungspartnerschaft auch daran, inwieweit die Schule bereit und fähig ist, **Elternbeteiligung zuzulassen** und **Elternwillen ernst zu nehmen**. Partnerschaft darf, ebenso wenig wie Kommunikation, nicht als Einbahnstraße verstanden werden. Hierzu gehört auch, Eltern nicht ausschließlich in den gängigen Beteiligungsformen wie Kuchenbacken, Ausflugsbegleitung, Verschönerungsarbeiten im Klassenraum oder Schulgelände, Büchereibetreuung, Lesemütter etc. einzubinden. Mütter und Väter sollten vielmehr auch über Gremienarbeit und regelmäßige Mitarbeit an der Schul- und Unterrichtsentwicklung präsent sein – dann fällt es beiden Seiten leichter, sie als Gegenüber auf Augenhöhe zu betrachten.

AUF EINEN BLICK

Gute Voraussetzungen für gelingende Kommunikation

- regelmäßige Information über die Inhalte der pädagogischen Arbeit, über Klassensituation und Lern- und Entwicklungsstand der Kinder, z. B. durch Portfolioarbeit oder andere geeignete Formen von Dokumentation
- regelmäßige persönliche Gespräche mit allen Eltern
- strukturierte Elterngespräche nach verbindlichen und allen bekannten Vorgaben, z. B. mithilfe von Checklisten, Gesprächsleitfäden, Protokollen
- ehrliche Bereitschaft zum Dialog, Kritikfähigkeit, Beschwerdemanagement
- Bereitschaft zur Transparenz, z. B. durch Hospitationen, Einladung (einzelner Eltern) zu Präsentationen oder Schülervorträgen
- Bereitschaft, Elternbeteiligung auf allen Ebenen zuzulassen
- gemeinsame Fortbildungen über Elternbeteiligung, Teilnahme von Eltern an Lehrerfortbildungen

Kommunizieren auf Augenhöhe

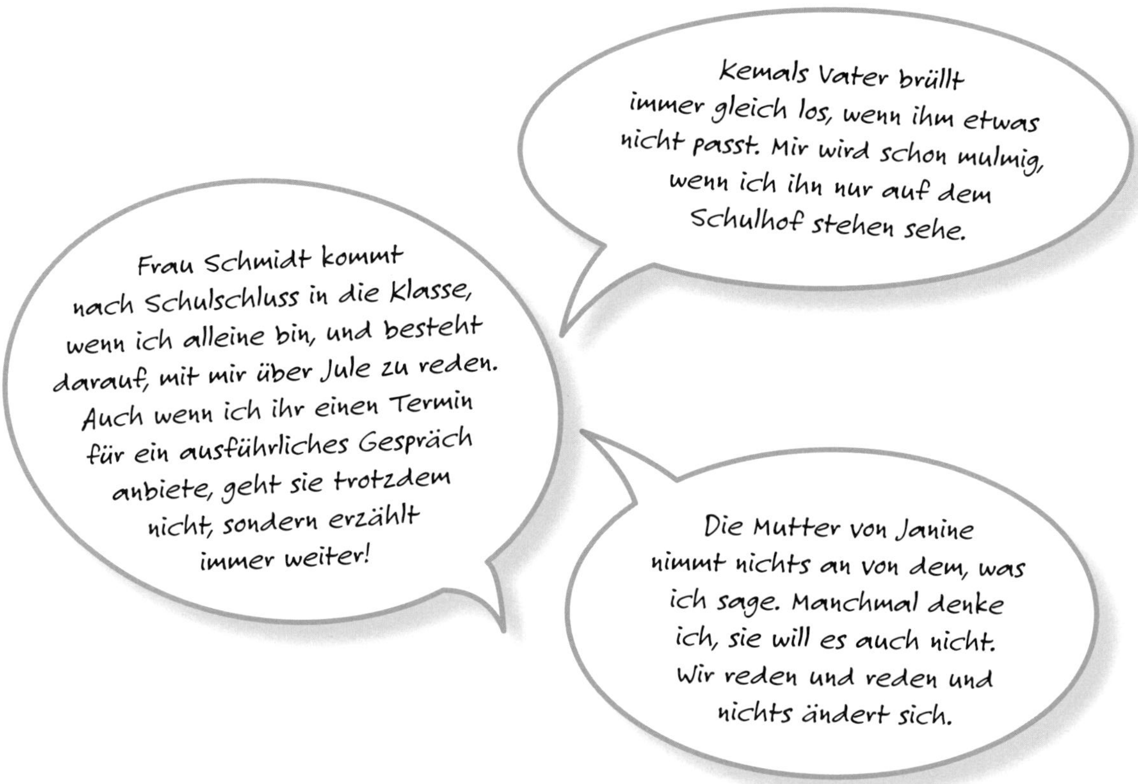

Keine Frage: Bildungs- und Erziehungspartnerschaft auf Augenhöhe ist ein Konzept, das den meisten Beteiligten einleuchtet. Schwierig wird die Umsetzung erst in der täglichen Arbeit. Denn wo in Bildungsplänen, Gesetzestexten und Leitbildern pauschal von „den Eltern" und „den Lehrern" die Rede ist, stehen sich in der Realität Menschen gegenüber.

Lehrkräfte sind genauso wenig wie Eltern eine einheitliche Gruppe. In Grundschulen arbeiten junge und alte, aufgeschlossene und zurückhaltende, schüchterne und herzliche, engagierte und erschöpfte Menschen.

Auch Eltern können als anstrengend und fordernd, sympathisch und zugewandt, desinteressiert, eingebildet, ungebildet, beschützend, gleichgültig und vieles mehr empfunden werden. Einige beherrschen die deutsche Sprache kaum, andere reden bis zum Umfallen. Manche sind freundlich, lieb und höflich, andere schimpfen schnell los. Die Liste ließe sich endlos fortsetzen, denn diejenigen, um die es geht, sind ein Abbild unserer Gesellschaft.

So unterschiedlich die Menschen in diesem Land sind, so unterschiedlich sind diejenigen, die sich in den Grundschulen begegnen. So gesehen, ist es fast ein Wunder, wie gut und reibungslos das alltägliche Miteinander in der Regel funktioniert.

Zu Missverständnissen und Konflikten kommt es immer dann, wenn wir uns unserem Gegenüber nicht partnerschaftlich verbunden fühlen und, wie es in den Zitaten von S. 13 aus dem Alltag deutlich wird, nicht auf Augenhöhe miteinander reden:

- ➜ Die Referendarin, die Angst vor dem aggressiven Vater hat, macht sich klein, statt klar zu sagen, wo ihre Grenzen liegen.
- ➜ Die erfahrene Lehrerin, die sich über die redefreudige Mutter ärgert, nimmt die entgegengesetzte Haltung ein. Sie versteht sich als diejenige, die der anderen sagt, „wo es langgeht".
- ➜ Im dritten Beispiel fühlt sich die Kollegin der Mutter mit schlechten Deutschkenntnissen und einer insgesamt passiven Haltung überlegen – und drückt dies gewiss nicht allein verbal, sondern auch durch ihr Verhalten aus.

„Auf Augenhöhe sein" heißt, dass zwei gleich groß sind!

„Auf Augenhöhe sein" bedeutet, dass weder der eine Partner groß und wichtig ist und sich der andere klein und dumm fühlt noch umgekehrt. Dabei hilft es, wenn wir den anderen **kennen** und in seiner Lebensweise **akzeptieren** und **respektieren**.

„Auf Augenhöhe sein" heißt aber auch, dass beide Gesprächspartner über den **gleichen Informationsstand** verfügen. Das in Hinblick auf schulische Entwicklung und Leistungsstand des Kindes zu gewährleisten, ist im Wesentlichen Aufgabe der Grundschule. Dazu gehört mehr als eine formale Beteiligung der Eltern. Wichtig ist ein Miteinander, das geprägt ist von Achtung und Respekt. Das funktioniert natürlich dann am besten, wenn man sich kennt. Regelmäßige Gespräche zwischen Eltern und Lehrkräften sind deshalb nicht nur die beste Möglichkeit, Informationen auszutauschen. Miteinander zu reden, baut auch Verständnis auf. Als Lehrer machen Sie sich fit für diese Art von Kommunikation, wenn Sie mit sich selbst im Reinen sind, eigene Stärken und Fachwissen selbstbewusst kommunizieren und dafür sorgen, dass weder Vorurteile noch Ängste Sie behindern.

Im Gespräch „auf Augenhöhe" erfahren Sie, warum Kemals Vater so aggressiv reagiert (vielleicht hat er seinen Job verloren?). Möglicherweise können Sie auch erkennen, was hinter den anstrengenden Redeattacken von Jules Mutter steckt und es gelingt, eine Verbindung zur passiven Mutter von Janine aufzubauen. Ihre Bereitschaft zum Gespräch zeigt den Eltern, dass ihre Meinung gefragt ist und dass ihre Vorschläge, Wünsche und Bedürfnisse ernst genommen werden.

Das **regelmäßige, persönliche Gespräch** fordert Sie aber auch und braucht eine **gute Vorbereitung**. Dazu gehört:

- Die schulische und soziale Entwicklung der Kinder muss regelmäßig dokumentiert werden.
- Beobachtungen müssen so aufbereitet sein, dass sie als Grundlage für das Elterngespräch dienen können.
- Die pädagogische Arbeit der Schule muss für die Erziehungsberechtigten transparent und nachvollziehbar sein.
- Regelmäßige Gespräche brauchen mehr Zeit als der Austausch zwischen Tür und Angel.
- Schließlich benötigt jede Lehrkraft immer wieder Unterstützung bei der Kommunikation mit den Eltern. Dazu gehören regelmäßige Fortbildungen (auch ein schulinterner Studientag zur Gesprächsführung ist denkbar), kollegiale Beratung und die Unterstützung durch Kollegium und Schulleitung. Auch das Zur-Verfügung-Stellen entsprechender Vorbereitungsbögen und Formulare gehört zu diesem Punkt.

„Auf Augenhöhe sein" heißt nicht, dass Eltern und Lehrkräfte gleich sind. Unterschiede bestehen natürlich, weil Eltern vor allem ihr Kind im Blick haben und Lehrer die ganze Klasse. Auch besteht ein Machtgefälle, weil Lehrkräfte Noten und Beurteilungen vergeben, die entscheidend für die Zukunft der Kinder sind. Diese unterschiedlichen Interessen und Standorte zu leugnen, trägt nicht zu einem Miteinander auf Augenhöhe bei. Entscheidend ist vielmehr, dass beide Seiten sich respektieren und in ihrer jeweiligen Kompetenz anerkennen.

Ohne Eltern geht es nicht

Trotz aller Schwierigkeiten herrscht grundsätzlich Einigkeit darüber, dass Elterngespräche im Rahmen einer erfolgreichen Bildungs- und Erziehungspartnerschaft sinnvoll und wichtig sind. Warum empfinden beide Seiten diese Kontakte dennoch als schwierig und weichen ihnen eher aus?

Das sind einige Gründe:

➜ Elterngespräche sind zeitaufwändig.
➜ Elterngespräche finden meist erst dann statt, wenn Probleme auftauchen.
➜ Elterngespräche können anstrengend sein, z. B. wenn Eltern als fordernd oder aggressiv erlebt werden.

Gelingende Kommunikation zwischen Schule und Elternhaus ist eine wichtige Grundlage dafür, dass Grundschulen ihren Bildungsauftrag erfüllen können.
Das Gespräch zwischen Lehrkraft und Eltern bildet die Basis dieser Kommunikation. Alle anderen Wege von Kommunikation und schulischer Präsentation nach außen – Leitbild, Homepage, Elternabend, Tag der offenen Tür, gemeinsame Feste – sind auch wichtig. Doch nur wenn im Gespräch das Klima stimmt, wenn Eltern sich trauen, Vorschläge einzubringen, Schwächen zuzugeben und Fragen zu stellen, wenn Lehrkräfte ohne Angst oder Arroganz auftreten, kann Kommunikation auch auf allen anderen Ebenen funktionieren. Nicht zuletzt deshalb lohnt es sich, mit neuem Elan an das Thema Elterngespräche heranzugehen und eigenen Vorbehalten auf die Spur zu kommen!

Eine vertrauensvolle, gute Beziehung von Anfang an zwischen Grundschule und Eltern ist die beste Voraussetzung für gelingende Elterngespräche. Als Vertreter der Grundschule und als Pädagogik-Profi ist es Ihre Aufgabe als Lehrer, diese Gespräche kompetent zu leiten.

KAPITEL 2

Die eigene Rolle und der Blick auf den Gesprächspartner

Unsicher im Gespräch? – An diesen „Stolpersteinen" kann es liegen

Gewiss kennen Sie ähnliche Äußerungen – sie gehören zum Alltag in der Grundschule. Ob derartige Kommentare als schwierig und konfliktbeladen empfunden werden oder als völlig normale Vorkommnisse im Berufsalltag, hängt ganz wesentlich von einer Person ab – von Ihnen selbst!

Den Inhalt einer Nachricht bestimmen immer zwei: derjenige, der etwas sagt, und der, bei dem es auf eine ganz bestimmte Art und Weise ankommt. Eine wichtige Voraussetzung für gelingende Elterngespräche besteht aus diesem Grund darin, dass Sie die eigene Rolle als Gesprächspartner nicht ausblenden. Sicher, Situationen, in denen Eltern sich (zu Recht oder Unrecht) beschweren, in denen wir das Gefühl haben, uns rechtfertigen zu müssen, oder in denen es darauf ankommt, Stellung zu beziehen, sind nicht immer angenehm. Sie müssen aber nicht unbedingt Anlass für Stress und Auseinandersetzung sein! Beschwerden können als Kommunikationsangebot wahrgenommen werden, ein ärgerlicher Anruf als Zeichen, dass Eltern sich in Sorge befinden.

Tatsächlich ist es für Sie als Lehrer besonders wichtig, dass Sie gerade im Konfliktfall **sicher und gelassen kommunizieren**. Schließlich sind Sie ein wichtiges Vorbild

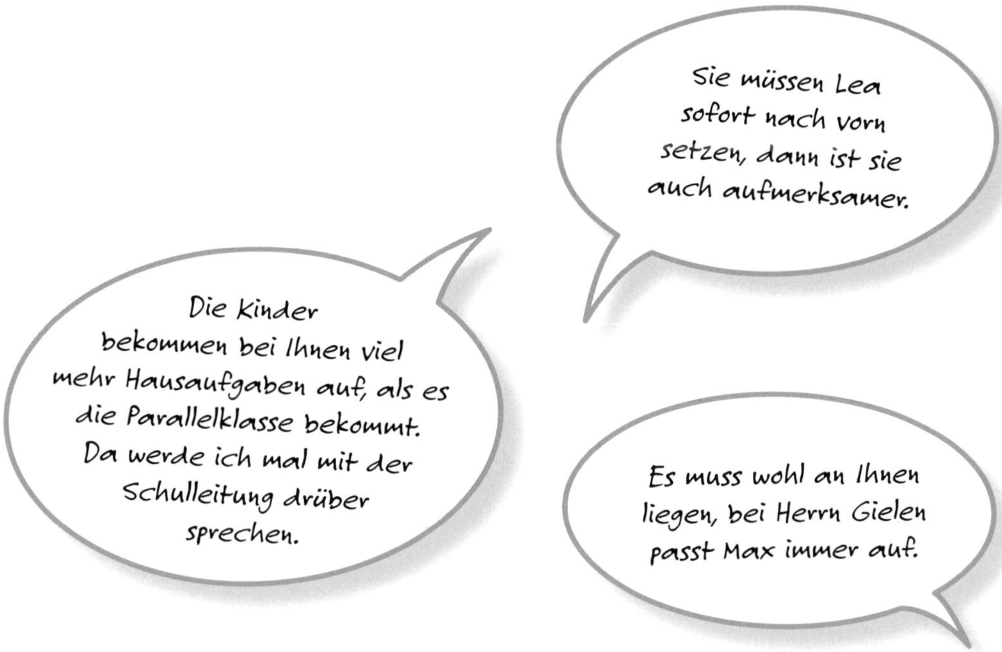

für Kinder und Eltern und tragen viel dazu bei, wie sich das zukünftige Verhältnis der Familie zur Institution Schule gestaltet. Als Gesprächsleiter und Pädagogik-Profi ist es zudem Ihre Aufgabe, den Gesprächsablauf kompetent zu steuern. Dazu gehört neben dem fachlichen Know-how die Fähigkeit zur Gesprächsführung und Konfliktlösung.

Im Umgang mit den Eltern sind Sie der Profi. Es ist Ihre Aufgabe, im Gespräch eine Atmosphäre des Willkommenseins und der Wertschätzung zu schaffen, die den Eltern Sicherheit vermittelt. Wichtiger als das „Was" ist im Gespräch oft das „Wie". Wenn die Atmosphäre zwischen Schule und Elternhaus stimmt, lassen sich auch schwierige Themen konstruktiv besprechen. Je mehr Sie über Ihre eigenen Beweggründe wissen, desto eher verstehen Sie, warum Sie in manchen Situationen so und nicht anders reagieren. Diese Beweggründe zu erkennen und hinderliche Verhaltensmuster zu verändern, funktioniert nicht über Nacht. Je mehr Sie aber darüber wissen, wie Kommunikation funktioniert, desto leichter fällt der konstruktive Austausch mit Eltern und anderen Gesprächspartnern in der Grundschule.

ÜBUNG | Die eigene Rolle reflektieren

Beim Blick auf die eigene Rolle können Ihnen diese Fragen helfen.
Beantworten Sie sie für sich allein oder diskutieren Sie mit einem Kollegen:

- **Was ist meine Motivation bei der Arbeit? Warum übe ich meinen Beruf in der Grundschule gern aus?**

  ____

  ____

- **Wo liegen meine persönlichen Stärken im Beruf? Was fällt mir leicht?**

  ____

  ____

- **Wie ist mein Verhältnis zu den Eltern? Wie geht es mir mit ihnen?**

  ____

  ____

- **Respektiere ich die Eltern als Experten fürs eigene Kind?**

  ____

  ____

- **Welche Gesprächs-Situationen in meinem Berufsalltag empfinde ich als problematisch? Wie reagiere ich in der Regel?**

  ____

  ____

- **Welches Verhalten in schwierigen Gesprächen hat mir in letzter Zeit geholfen? Was würde ich wieder tun?**

  ____

  ____

  ____

Je sicherer und gelassener wir uns im Gespräch fühlen, desto eher sind wir in der Lage, auf das Gegenüber einzugehen und zu hören, was der andere zu sagen hat. „Hören, um zu verstehen" könnte man diese Fähigkeit nennen, ohne die ein erfolgreiches Gespräch kaum denkbar ist.

Im Umkehrschluss gilt aber auch: Wer unsicher nur der eigenen Befindlichkeit nachspürt, kann im Gespräch kaum auf den anderen eingehen und nur schwer souverän agieren. Und auch der Gesprächspartner merkt sehr schnell, ob eine Lehrkraft Sicherheit und Kompetenz ausstrahlt oder sich ihrer Sache nicht sicher ist.

Nun lässt sich Sicherheit nicht durch Knopfdruck an- oder ausknipsen. Sie lässt sich aber durchaus trainieren! Einen ersten Schritt stellt dabei die Klarheit über die eigenen Beweggründe dar.

Wer diese **Stolpersteine** (er)kennt, die den Weg zu einer erfolgreichen Kommunikation im Berufsleben versperren, kann ihnen leichter ausweichen:

Stolperstein 1

Das habe ich nie gelernt – im Studium kommt Elternarbeit kaum vor

> Mit den Kindern arbeite ich gern. Aber auf die Eltern könnte ich meistens verzichten.

Wer sich für den Beruf des Grundschullehrers entscheidet, tut das meistens aus einer Motivation heraus: der Freude, mit Kindern zu arbeiten und sie ein Stück auf ihrem Weg zu begleiten. Die Tatsache, dass auch Elternarbeit einen wichtigen Teil des Berufsbildes ausmacht, erkennen viele erst, wenn sie die erste eigene Klasse unterrichten. Plötzlich suchen besorgte Eltern nach Rat, klingelt zu allen möglichen Tages- und Nachtzeiten das Telefon oder es werden wütende Anschuldigungen vorgebracht. In solchen Situationen gelassen zu reagieren und sie nach Möglichkeit durch kompetente Gesprächsführung zu entschärfen, fällt nicht nur Berufsanfängern schwer. Das liegt schlicht und einfach daran, dass das Rüstzeug in Sachen Gesprächsführung, Kommunikation und Konflikttraining oft fehlt.

Hinzu kommt, dass sich das Bild von den Aufgaben der Grundschule in den letzten Jahren ebenso gewandelt hat wie der gesellschaftliche Blick auf die Institution. Pauschal lässt sich festhalten, dass die Mitwirkung der Eltern und ihr Recht auf Mitbestimmung in schulischen Angelegenheiten gestiegen sind. Wurden Eltern früher eher als Randfiguren und Gäste gesehen, so hat sich inzwischen immer mehr der Gedanke einer Erziehungs- und Bildungspartnerschaft durchgesetzt.

Das liegt auch an einem geänderten gesellschaftlichen Klima. Eltern finden sich heute zunehmend weniger mit Situationen ab, die sie als unbefriedigend erleben. Kundenorientierung, Servicegedanke, Feedback und Partizipation sind Stichworte aus der Wirtschaft, die zunehmend auch im Bildungsbereich „Schule machen". Eltern haben heute ganz andere Erwartungen an Methoden, Inhalte und Formen der Beteiligung als noch vor einigen Jahren.

Auch viele Schulen haben erkannt, dass Eltern mehr einbezogen werden müssen, soll der von beiden Seiten gewünschte Bildungserfolg nicht gefährdet werden. Eltern werden heute mehr als zuvor als wichtige Akteure im Dreieck Kind-Schule-Eltern gesehen, ohne deren Mitwirkung eine erfolgreiche pädagogische Arbeit nicht denkbar ist.

Um das Kind zu verstehen und einen Draht zu ihm aufzubauen, müssen Lehrkräfte seine Lebenswelt kennenlernen und nachvollziehen. Das geschieht neben der Beobachtung der Kinder vor allem durch den persönlichen Kontakt zu den Eltern. Viel stärker als zuvor gehören persönliche Gespräche deshalb heute zum Alltag der Grundschulen. Ob als Entwicklungsgespräch, Beratung, Konfliktgespräch, Informationsgespräch oder einfach zwischen Tür und Angel – Eltern sind heute präsenter und fordern mehr Informationen und Beteiligung als je zuvor. Viele Pädagogen, die Gesprächsführung „aus dem Bauch" betreiben, fühlen sich in der Rolle als Gesprächsleitung aber unsicher, vor allem dann, wenn Konflikte auftreten.

GEGENMITTEL 1 | Von Anfang an auf gute Beziehungen achten

Wichtiger als die inhaltliche Ebene ist oft die Beziehungsebene. Wenn sich Eltern gut aufgehoben fühlen, wenn Offenheit und Wertschätzung den Umgang prägen, ist das die beste Basis für gelingende Gespräche. Achten Sie darum darauf, „Ihren" Eltern ein Gefühl des Willkommenseins zu vermitteln – auch wenn Sie mit ihrem Lebensentwurf und ihren Ansichten nicht unbedingt übereinstimmen.

GEGENMITTEL 2 | Üben, üben, üben

Fortbildungen, Literatur, Gespräche mit anderen – erfolgreich kommunizieren ist ein Lernprozess, der nie ganz abgeschlossen ist. Nutzen Sie Fortbildungsangebote, wagen Sie sich an Rollenspiele, besprechen Sie schwierige Situationen mit Kollegen und trainieren Sie regelmäßig Gesprächstechniken, dann fällt Ihnen das Elterngespräch von Mal zu Mal leichter.

Stolperstein 2

Die Eltern werden aggressiv – damit kann ich nicht umgehen!

> Fachlich fühle ich mich sicher. Aber wenn ein Vater so fordernd auftritt oder eine Mutter mich beschuldigt, vergesse ich meine guten Vorsätze und versuche einfach nur, es allen recht zu machen.

Es lässt sich nicht leugnen – Gespräche zwischen Eltern und Lehrkräften bergen Konfliktpotenzial. Naturgemäß haben beide Gesprächspartner einen unterschiedlichen Blick auf das Kind, um das es geht. Wo die Eltern sich (völlig zu Recht) als Anwälte ihres Sprösslings verstehen, hat die Lehrkraft immer auch die gesamte Klasse im Blick und beurteilt die Situation vor dem Hintergrund ihrer pädagogischen Ausbildung und Erfahrung. Hinzu kommt: Eltern sind emotional stark beteiligt, wenn es um ihre Kinder geht, und verhalten sich allein deshalb anders als bei Unterhaltungen über jedes andere Thema. Grob lassen sich die häufigsten Reaktionen auf einen (vermeintlichen) Angriff in Gegenangriff *(„Was fällt Ihnen ein!", „Ich zeige Sie an!")* oder Flucht bzw. Verteidigung aufteilen *(„Zu Hause macht er das nie!", „Das kann ich mir gar nicht vorstellen.")*.

Gründe für aggressives Verhalten der Eltern Ihnen gegenüber können auch die eigenen, unerfreulichen Erfahrungen mit der Institution Schule sein. Auch wenn die Schulzeit lange zurückliegt, von den damaligen Eindrücken machen sich die meisten Menschen selbst als Erwachsene nur schwer frei. Wenn Frau Meier also Schule als einen Ort erlebt hat, in dem sie sich ungerecht behandelt fühlte, prägt das ihre aktuelle Einstellung zur Grundschule und ihr Verhältnis zu den Lehrkräften.

Egal welche Ursachen dahinterstehen, aggressives Verhalten der Eltern macht vielen Lehrkräften zu schaffen. Das ist ganz natürlich. Problematisch wird dieses Gefühl dann, wenn es sich so stark bemerkbar macht, dass ein sicheres und sachliches Auftreten im Gespräch nicht möglich ist und die Lehrkraft, statt zu deeskalieren, einen Konflikt unwillentlich noch „anheizt". Solche (Gesprächs-)Fallen lassen sich nur vermeiden, wenn wir unsere persönlichen Unsicherheiten kennen und uns aktiv mit ihnen auseinandersetzen – z. B. durch eine ausreichende Vorbereitung auf schwierige Gespräche, durch Fortbildung und eventuell Supervision oder andere Hilfen.

Vor allem Frauen, die heute noch die überwältigende Mehrheit der Grundschul-Pädagogen stellen, bemühen sich oft, aus Angst vor Auseinandersetzung Konflikte ganz zu vermeiden, indem sie sich „kleinmachen" und in ein „Kleine-Mädchen-

Schema" verfallen. Körpersprachlich zeigt sich das an einem **schräg gelegten Kopf** (*„Schau her, ich bin klein und bedrohe dich nicht."*), einem **unsicheren Stand** (*„Ich lasse mich mit einem Stups aus dem Gleichgewicht bringen."*) und **Dauerlächeln** (*„Habt mich lieb."*).

Zu dieser **Körperhaltung** und **Mimik** passt ein **Kommunikationsverhalten**, das ...

- **beschwichtigt** → *„So war das nicht gemeint!"* *„Machen Sie sich keine Sorgen."*
- **Verantwortung vermeidet** → *„Mir sind da leider die Hände gebunden."*
- **angepasst ist** → *„Ich würde auch gern."* *„Sie haben ganz Recht."*
- **sich rechtfertigt** → *„Ich habe Ihnen von Anfang an gesagt ..."* *„Wenn Sie sich daran gehalten hätten ..."* *„Es ist nicht meine Schuld, dass ..."*

Selbst wenn sich Konflikte so umgehen lassen, sinnvoll ist das nicht. Als Lehrkraft müssen Sie auf Augenhöhe respektvoll mit den Eltern sprechen und sie als verantwortliche Erwachsene (Profis für das eigene Kind) ansprechen – nur so erreichen Sie es, dass Mütter und Väter Ihnen auf dieser Ebene antworten.

GEGENMITTEL 1 | Abstand

Vergegenwärtigen Sie sich, dass aggressives Verhalten nicht Ihnen persönlich gilt, sondern vielmehr oft Ausdruck von Unsicherheit und Angst der Eltern ist. Vor diesem Hintergrund fällt es leichter, angemessen und sachlich auf verbale Angriffe zu reagieren.

GEGENMITTEL 2 | Selbstbewusstsein

Überlegen Sie, wann Sie ins „Kleine-Mädchen-Schema" verfallen, und versuchen Sie, in kleinen Schritten Ihr Verhalten zu ändern. Das kann eine bewusst eingenommene, aufrechte Körperhaltung sein. Oder Sie nehmen sich vor, im nächsten Elterngespräch bewusst darauf zu verzichten, um jeden Preis gemocht zu werden. Lang eingeübte Verhaltensmuster lassen sich nicht über Nacht ablegen. Aber Veränderung ist immer möglich – egal wann Sie damit beginnen!

Stolperstein 3

Vorher zu viel grübeln!

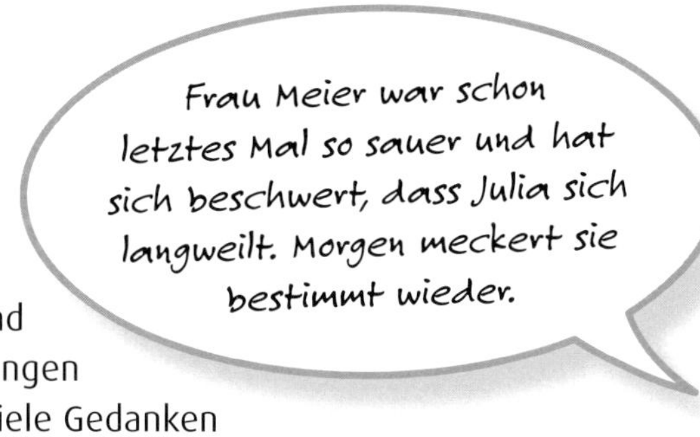

Konzentrieren Sie sich bei der Gesprächsvorbereitung auf die fachlichen Aspekte und machen Sie sich nicht vorher mit Befürchtungen verrückt. Wer unsicher ist, macht sich oft viele Gedanken über das anstehende Gespräch und spielt ganze Gesprächsabläufe von vornherein durch. Damit verunsichern Sie sich aber nur unnötig. Machen Sie sich klar, dass es auch bei schwierigen Situationen nicht Ihre Aufgabe ist, den Eltern alle Probleme abzunehmen. Sie helfen in jedem Fall mehr, wenn Sie als kompetenter Berater auftreten, als wenn Sie vor Mitleid zerfließen oder auf Angriffe von Eltern mit Verteidigung oder Rechtfertigung reagieren. Wer schon vorher Sorge hat, was der Gesprächspartner sagen, fühlen oder tun könnte, ist im Gespräch nicht in der Lage, auf die tatsächliche Situation einzugehen.

Denken Sie auch daran, dass es nicht Ihre Aufgabe ist, den Eltern fertige Lösungen für jedes Problem zu präsentieren. Sie können auf Sachverhalte hinweisen und gemeinsam Perspektiven für die Zukunft erarbeiten. Bei diesem Prozess begleiten und unterstützen Sie die Eltern in Ihrer Funktion als Pädagoge. Entscheidungen und Lösungen müssen jedoch Mütter und Väter selbst für ihre Familie und ihre individuelle Situation finden.

GEGENMITTEL 1 | Affirmation

Zu viel Grübeln vermeiden Sie durch eine gute fachliche Vorbereitung und Sicherheit. Ebenfalls hilfreich sind positive Selbstbestätigungen (Affirmationen), um sich vor einem schwierigen Gespräch selbst Mut zuzusprechen.
Beispiele zur Affirmation:

Selbst sicher auftreten

Ein sicheres, gelassenes und zugewandtes Auftreten hilft Ihnen, Elterngespräche erfolgreich zu führen. Wer Sicherheit im Gespräch vermittelt, wird vom Gesprächspartner eher als kompetent empfunden und kann mögliche Konflikte schon im Ansatz erkennen und umschiffen.

Aber was verstehen wir eigentlich konkret unter einem **sicheren Auftreten**? Menschen sind schließlich verschieden und jeder hat seine eigene Art, zu reden und zu agieren. Während eine leise Stimme bei Kollegin Meier unsicher wirkt, gehört sie zu Kollegin Schmidt einfach dazu und trägt sogar dazu bei, dass man ihr besonders konzentriert zuhört. Trotz aller persönlichen Unterschiede erkennen wir sofort, ob jemand im Einklang mit sich ist, ob er im Gespräch überzeugt, statt zu überreden, oder fachlich Bescheid weiß und es nicht nötig hat, sein Wissen durch „Wichtigtuerei an die große Glocke zu hängen". Doch wodurch werden diese Eindrücke vermittelt?

Die „Zutaten", die einen guten Gesprächspartner ausmachen, sind vielfältig. Oft hört man auf die Frage, warum ein Gespräch als angenehm empfunden wurde, die Antwort, die „Chemie" habe eben gestimmt. Was versteckt sich hinter dieser Äußerung? Hat die „richtige Chemie" wirklich etwas mit Geruchsstoffen zu tun, die wir einatmen und unbewusst verarbeiten? Dann könnte das beste Gesprächstraining nicht viel daran ändern, dass manche Menschen „einfach nicht miteinander können". Selbstverständlich spielen Sympathie und Antipathie eine wichtige Rolle bei der Frage, ob wir mit einer Person gut auskommen oder nicht.

Wenn Ihr Mechaniker Sie an einen guten Freund erinnert, hat er sicherlich einen Sympathiebonus bei Ihnen. Ebenso könnte die Mutter, die genauso spricht wie Ihre schreckliche Tante Sylvia, Ihnen spontan unsympathisch sein. Über solche individuellen Vorlieben hinaus gibt es aber durchaus Möglichkeiten, ein guter Gesprächspartner zu sein. Diese lassen sich trainieren.

Das sind die **wichtigsten Grundlagen** für sicheres Auftreten:

1. Authentisch sein

Authentisch heißt so viel wie „echt". Ein authentisches Auftreten bedeutet also, dass Sie sich nicht verstellen und nicht versuchen, etwas vorzuspielen, was Ihnen nicht entspricht oder was Sie gar nicht so meinen. *„Toll, dass Kilian ein so lebendiges Kind ist, es macht mir viel Freude, ihn in der Klasse zu haben"*, sollten Sie daher nur sagen, wenn Sie auch wirklich froh über Kilians Eskapaden sind. Wenn Ihnen sein Verhalten stattdessen Sorgen macht oder auf die Nerven geht, sprechen Sie lieber einen anderen Punkt an, um das Gespräch mit einer positiven Note zu beginnen. Eltern merken schnell, ob Sie etwas wirklich meinen oder ob Sie nur gute Stimmung machen möchten. Dafür sorgen schon die subtilen Signale Ihrer Körpersprache, Gestik und Mimik.

Authentisches Verhalten heißt aber selbstverständlich nicht, die Eltern an all Ihren inneren Konflikten teilhaben zu lassen oder in jeder Situation genau das zu sagen, was Ihnen gerade durch den Kopf geht. Schließlich ist und bleibt das Verhältnis zwischen Schule und Elternhaus ein professionelles. Authentisch aufzutreten, heißt vielmehr, dass Sie **keine falsche Fassade** aufbauen, sondern auch im Elterngespräch im Einklang mit Ihrer eigenen Persönlichkeit agieren. Das spiegelt sich auch in der Körpersprache. Während es manchen Personen einfach entspricht, zu gestikulieren und eine lebendige Mimik zu haben, würde genau dieses Verhalten bei einem anderen Menschen aufgesetzt wirken.

Authentisch sind Sie auch dann, wenn Sie Ihre Gefühle zulassen. Gespräche mit Eltern sind oft sehr emotional, weil es darin um die Kinder geht. Schlechte Noten, unterschiedliche Ansichten über Erziehungsfragen, Entwicklungsprobleme, Auseinandersetzungen mit anderen Kindern sind Themen, die Eltern nur schwer sachlich besprechen können. Gelingt es Ihnen, die eigenen Gefühle bewusst wahrzunehmen, können Sie besser und professioneller auf die der Eltern eingehen und das Gespräch auf der Ebene der gegenseitigen Beziehung erfolgreich führen.

ÜBUNG | Der positive Blick

Rufen Sie sich vor jedem Gespräch mit Eltern kurz das entsprechende Kind vor Augen und überlegen Sie, welche **positiven Eigenschaften** Sie mit ihm verknüpfen. Das verleiht Ihnen die richtige Einstellung und hilft zu einem guten Start ins Gespräch.

2. Kompetent sein

Als Pädagoge sind Sie im Elterngespräch der Profi. Zu Recht erwarten Ihre Gesprächspartner deshalb, dass Sie gut vorbereitet sind und wissen, wovon Sie reden. **Gute inhaltliche Vorbereitung** verleiht Ihnen eine Sicherheit und Überzeugungskraft, die Sie im Gespräch ausstrahlen. Ihre Gesprächspartner werden darauf mit entsprechender Ansprache reagieren. So kann sich ein Gespräch entwickeln, das von gegenseitigem Respekt und Wertschätzung geprägt ist. Selbstverständlich ist auch, dass Sie fachlich auf dem Laufenden sind.

Nun gibt es durchaus Situationen, in denen auch der engagierteste Pädagoge an seine fachlichen Grenzen stößt. Dann ist es natürlich legitim, Wissenslücken zuzugeben: *„Damit bin ich im Moment auch überfragt. Ich mache mich aber schlau und melde mich dann wieder bei Ihnen, wenn ich Ihnen etwas Konkretes sagen kann."* Solche „Aussetzer" sind jedoch die Ausnahme.

Einen kompetenten Auftritt stellen Sie im Normalfall sicher, indem Sie ...

- ➜ die wichtigsten Punkte, die Sie ansprechen möchten, notiert haben (idealerweise in einer Form, die Sie den Eltern vorlegen können),
- ➜ sich die Situation der Familie und ihre Ressourcen vergegenwärtigt haben,
- ➜ sich, falls notwendig, im Vorfeld mit Kollegen und ggf. weiteren Bezugspersonen über den entsprechenden Schüler ausgetauscht haben,
- ➜ ggf. Handlungsoptionen und Ansprechpartner nennen (z. B. Logopädie, Ergotherapie, Erziehungsberatung) und konkrete Informationen dazu (z. B. Internetadressen oder Flyer mit Kontaktdaten, Wartezeiten, Voraussetzungen etc.) zur Hand haben,
- ➜ alle weiteren notwendigen Unterlagen (z. B. Dokumentationen, Arbeiten des Kindes, Notenspiegel und andere Aufzeichnungen, Adressen von Beratungsinstitutionen o. Ä.) parat haben,
- ➜ Ihre Rolle als Gesprächsleiter bewusst annehmen und ausfüllen.

3. Interessiert sein

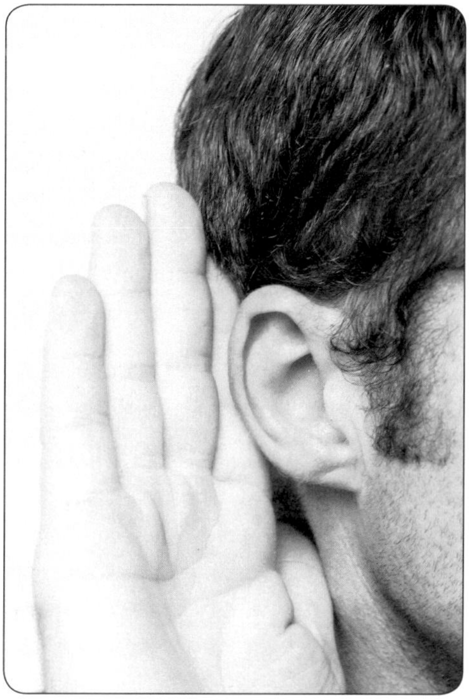

Als Pädagoge wissen Sie, wovon Sie reden, und können Ihre Ausführungen durch konkrete Beispiele anschaulich belegen. Als Gesprächsleiter zeigen Sie aber auch Interesse und Offenheit für Ihr Gegenüber und sind offen für Anregungen, Fragen und Wünsche. Denken Sie daran: Zu einem gelungenen Gespräch gehören immer mindestens zwei. Wenn Sie im Elterngespräch nur Ihr eigenes Programm abspulen, ohne auf Ihr Gegenüber einzugehen, müssen Sie damit rechnen, dass Eltern verärgert reagieren, sich nicht verstanden fühlen oder sich aus dem Gespräch ausklinken. Schlimmstenfalls kommen solche Eltern nicht wieder zurück und nehmen das nächste Gesprächsangebot nicht mehr wahr.

Wichtig ist deshalb, dass Ihre Grundhaltung stimmt. Dazu sollte Ihrer Schule tatsächlich ein Klima des Willkommenseins herrschen, wodurch sich die Eltern genauso wie ihre Kinder als gern gesehene Gäste begreifen können.

Im Elterngespräch zeigen Sie Interesse, indem Sie ...

- ➜ Fragen stellen und zuhören,
- ➜ Gesprächspartner zu Wort kommen lassen,
- ➜ sich durch Nachfragen vergewissern, richtig verstanden zu haben,
- ➜ keine vorgefertigten Lösungen parat haben, sondern ergebnisoffen sind,
- ➜ Eltern als Experten fürs eigene Kind wertschätzen.

Jede Familie bildet einen eigenen Kosmos. Was für die eine passt, kann bei der anderen auf Widerstand stoßen. Durch Ihr Interesse haben Sie im Gespräch die Möglichkeit, gemeinsam mit den Eltern Strategien zu finden, die genau für diese Familie und dieses Kind passend sind. Nur solche Lösungen haben letztlich eine Chance auf Umsetzung.

Der Körper spricht mit: Nonverbale Signale

Kommunikation findet immer auf einer **verbalen** und einer **nonverbalen** Ebene statt. Bezogen darauf, wie wir unser Gegenüber wahrnehmen, übersteigt dabei die Bedeutung der nonverbalen Ebene die der verbalen beträchtlich. Anders ausgedrückt: Ob ein Gespräch als konstruktiv empfunden wird, hängt oft weniger von dem ab, **was** gesagt wird, als vielmehr davon, **wie** es gesagt wird. Über die Art, wie wir mit den Eltern umgehen, definieren wir die Beziehungsebene, die für eine erfolgreiche Kommunikation so wichtig ist.

Ein **Beispiel**: *„Schön, dass Sie da sind!"*

Wer diesen Satz ausspricht und dabei nicht die Mutter oder den Vater vor sich anschaut, sondern die Unterlagen auf dem Schreibtisch, muss sich über eine verhaltene Reaktion nicht wundern. Durch den fehlenden Blickkontakt und die Aufmerksamkeit, die sich nicht auf die Eltern, sondern auf die Unterlagen richtet, wird eine deutliche Botschaft gesendet, die sich grundlegend von der gesprochenen Nachricht unterscheidet. Wenn, wie in diesem Fall, Körpersprache und gesprochene Worte nicht übereinstimmen, wirkt das auf unser Gegenüber verwirrend.

Signale, die wir mit ...
- → Körperhaltung,
- → Gestik (Bewegung der Arme und Hände),
- → Mimik (Gesichtsausdruck, Blickkontakt),
- → Stimme (Lautstärke, Stimmhöhe),
- → Sprechweise

senden, kommen direkt bei den Eltern an. Sie drücken aus, was wir empfinden, und lassen sich deshalb auch nicht vortäuschen. Ein direktes Training der Körpersprache ist daher weder möglich noch sinnvoll. Aufgesetzte Bewegungen oder das krampfhafte Vermeiden von bestimmten Körperhaltungen verunsichern nur und bewirken womöglich das Gegenteil dessen, was eigentlich bezweckt war.

Andererseits ist bekannt, dass wir z. B. über die eingenommene Körperhaltung und den Gesichtsausdruck auch **unsere Gefühle beeinflussen** können. Diese Erkenntnis, dass eine bewusst eingenommene Körperhaltung, Atmung und Bewegung direkte Wirkung darauf haben, wie wir uns fühlen, lässt sich also zum Training der eigenen Ausstrahlung durchaus einsetzen. Nach dem Motto *„Ich bewege mich gelassen und ruhig, also bin ich es auch"* können Sie Ihre Körpersprache ein Stück steuern und beeinflussen. Funktionieren kann das auf Dauer natürlich nur, wenn Körpersprache und innere Einstellung übereinstimmen.

ÜBUNG | **Die richtige Körperhaltung**

Wie sehr die eigene Körperhaltung unsere Stimmung beeinflusst, können Sie mit einem einfachen Experiment herausfinden. Stellen Sie sich aufrecht, aber ohne Körperspannung hin. Kopf und Schultern sinken nach vorn, der Blick richtet sich auf den Fußboden. Sagen Sie jetzt laut und deutlich: *„Es geht mir gut."* Sie werden merken, dass Ihre Worte wenig überzeugend klingen. Richten Sie sich jetzt auf, blicken nach vorn, lächeln und sagen dieselben Worte – der Effekt ist ein völlig anderer. Ihre Körperhaltung hat sich auf Ihr Gefühl übertragen, Ihre Ausstrahlung ist nun eine völlig andere, obwohl die Worte die gleichen waren.

Interesse zeigen

Im Gespräch kann das Bewusstsein, welche körpersprachlichen Signale wie beim Gegenüber ankommen, sehr hilfreich sein. Zwar bewegt sich jeder Mensch ganz individuell, einige **Körpersignale** haben aber **universelle Bedeutung**. Diese Signale zeigen nach übereinstimmender Meinung vieler Fachleute, dass wir uns auf den anderen einlassen und echtes Interesse am Gespräch haben:

1. Häufiger Blickkontakt
2. Nicken
3. Lächeln
4. Sich dem anderen zuwenden, leichtes Vorlehnen
5. Offene Körperhaltung (Arme nicht verschränken)

Das gegenteilige Verhalten – kein Blickkontakt, sich abwenden, auf die Uhr sehen etc. – signalisiert dagegen Desinteresse. Speziell wenn wir uns unsicher fühlen, neigen wir aber ganz unbewusst dazu, in solche Verhaltensweisen zu verfallen.

Dann schweift der Blick durch den Raum oder richtet sich zur Decke, wir verschränken die Arme vor dem Körper oder kramen in den mitgebrachten Unterlagen. Frauen streichen sich auch gern durch die Haare oder fassen sich ins Gesicht, wenn sie sich unwohl fühlen. Wer sich bei so etwas ertappt, tut gut daran, dieses Verhalten abzustellen und wieder auf die offene Körperhaltung und den direkten Blick zu achten.

Wichtig ist das vor allem zu **Beginn des Gesprächs**. Sobald Sie Ihre erste Unsicherheit vergessen haben, werden Sie sich ohnehin auf den Gesprächspartner konzentrieren, statt weiter über Ihre eigene Wirkung nachzugrübeln.

Nichts wirkt so angenehm und vertrauenerweckend wie ein Gesprächspartner, der uns seine volle Aufmerksamkeit schenkt, auch wenn er sich dann einmal entspannt zurücklehnt und die Arme verschränkt!

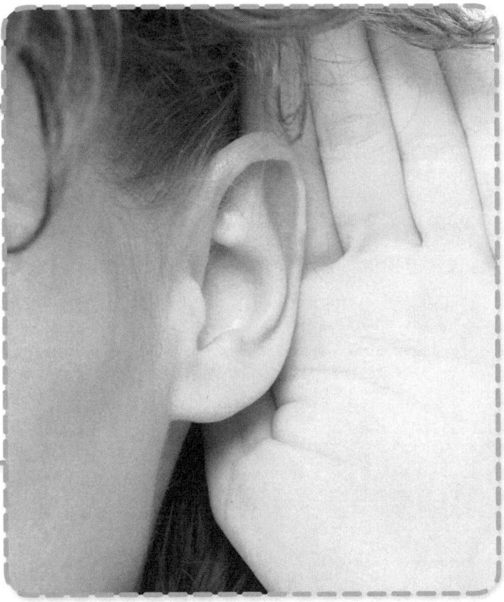

Wenn Sie nicht sicher sind, wie Sie im Gespräch wirken, bitten Sie einen Kollegen darum, Sie beim nächsten Gespräch im Lehrerzimmer oder beim Sommerfest einmal unauffällig zu beobachten. Bestimmte Ticks fallen uns nämlich selbst gar nicht mehr auf, obwohl sie für den Gesprächspartner ungemein irritierend sind. So wurde im Verlauf eines Interviews einmal gezählt, wie oft sich ein Befragter an die Nase fasste. Es waren mehr als 60 Mal in knapp zehn Minuten!

AUF EINEN BLICK

Mit Körpersprache Interesse und Offenheit signalisieren

Lächeln → Begrüßen Sie die Eltern mit einem freundlichen Gesicht und lächeln Sie auch während des Gesprächs immer mal wieder. Sie zeigen den Eltern so Ihre positive Einstellung und versetzen sich selbst in gute Stimmung.

Händedruck → Eine Begrüßung per Handschlag wirkt persönlich. Schauen Sie Ihrem Gegenüber dabei direkt in die Augen.

Äußeres → Durch angemessene Kleidung und ein gepflegtes Äußeres zeigen Sie, dass Ihnen das Gespräch und Ihr Gegenüber wichtig sind.

Körperhaltung → Eine aufrechte, zugewandte Körperhaltung signalisiert Aufmerksamkeit und Interesse. Fester Kontakt zum Boden durch aufgestellte Füße und eine gerade Sitzhaltung vermitteln Ihnen selbst Sicherheit und Rückhalt.

Blickkontakt → Ob Ihre Ohren weit geöffnet sind und das aufnehmen, was Ihnen die Eltern sagen, kann Ihr Gesprächspartner nicht sehen. Dass Sie zuhören, müssen Sie also auf andere Art zeigen – mit Blickkontakt. Durch Ihre Augen zeigen Sie Ihrem Gegenüber, dass Sie seinen Worten folgen. Schauen Sie die Eltern an, ohne sie starr zu fixieren, nicken Sie gelegentlich und verstärken das mit bestätigenden Geräuschen, wie „hmm" oder „aha".

Spiegeln → In gelingenden Gesprächen geschieht es oft unwillkürlich, dass wir die Bewegungen (und manchmal sogar Worte, Redewendungen oder spezielle Ausdrücke) unseres Gegenüber „imitieren". Versuchen Sie einmal im Elterngespräch vorsichtig, diese Technik anzuwenden, und „spiegeln" Sie einige Bewegungen. Beugen Sie sich vor, wenn der andere das tut, lächeln Sie oder lehnen Sie sich zurück. Damit zeigen Sie körpersprachlich, dass Sie sich ganz auf den anderen einlassen.

Die eigene Mimik steuern

Unter Mimik versteht man den gesamten Ausdruck des Gesichts, auch den Blickkontakt. Sie lässt sich kaum kontrollieren. Besser als ein unaufrichtiges Lächeln ist es daher, die eigene Einstellung zu verändern. Mit der richtigen inneren Haltung zu Ihrem Gesprächspartner legen Sie sich automatisch eine sympathische und vor allem authentische Mimik zu.

Als Vorbereitung für ein erfolgreiches Elterngespräch empfiehlt es sich deshalb, den Fokus auf positive Eigenschaften von Kind und Eltern zu richten. Das ist schon deshalb hilfreich, weil Ihnen mit einer positiven Aussage zum Kind grundsätzlich ein guter Einstieg ins Elterngespräch gelingt. Beispielsweise so: *„Als Erstes möchte ich Ihnen sagen, wie sehr es mich freut, dass Kilian in den letzten Wochen so großes Interesse am Sachkunde-Unterricht zeigt."*

ÜBUNG | **Fünf Minuten Nachdenkzeit**

Nehmen Sie sich vor dem nächsten Elterngespräch fünf Minuten, um über die Stärken und Interessen des entsprechenden Kindes nachzudenken. Notieren Sie Ihre Ideen und wählen zwei oder drei aus, um damit das Gespräch zu beginnen. Wichtig sind das Schreiben und die zeitliche Begrenzung – Sie zwingen sich damit zum konkreten und zielgerichteten Nachdenken.

Nicht immer fallen Ihnen zu jedem Kind auf Anhieb mehrere positive Eigenschaften und Stärken ein, vor allem dann nicht, wenn Sie nur einige Wochenstunden mit den Kindern verbringen. Abhilfe kann eine „Kinderkartei" schaffen. Legen Sie einen Karteikasten an, in dem für jedes Kind Ihrer Klasse eine Karte angelegt ist. Der Kasten steht im Lehrerzimmer. Wenn Sie eine besonders positive Beobachtung über ein Kind machen, notieren Sie diese gleich nach der Stunde auf der entsprechenden Karte – so geraten die kleinen Höhepunkte nicht in Vergessenheit und können z. B. vor dem Elterngespräch rekapituliert werden (*„Kevin hat Luisa beim Basketball geholfen.", „Emily hat fehlerlos gelesen.", „Johann hat sich eifrig beteiligt."*)**. Erzählen Sie im Kollegium von Ihrer Kartei und bitten Sie Kollegen, ebenfalls ihre Beobachtungen zur Klasse zu notieren.**

AUF EINEN BLICK

So bereiten Sie sich auf ein Gespräch vor

1. Setzen Sie sich mit Ihrer **Rolle als Gesprächsleitung** auseinander und nehmen sie diese bewusst als Chance an, ein gelungenes Gespräch in die Wege zu leiten. Das Bewusstsein, dass Sie (zumindest zu einem großen Teil) die Verantwortung für den Gesprächsablauf in der Hand haben, kann Ihnen viel Sicherheit verleihen.

2. Planen Sie vor dem Gespräch einige Minuten ein, um sich durch Entspannung, Atemübungen, Meditation o. Ä. zu **zentrieren**. Auch wenn Ihnen das vielleicht als Zeitverschwendung erscheint – viele Untersuchungen zeigen, dass eine **entspannte Grundhaltung** das Gespräch positiv beeinflussen kann.

3. Bereiten Sie sich **inhaltlich** gut vor. Legen Sie Unterlagen und weitere Materialien bereit. Tauschen Sie sich mit Kollegen aus. Formulieren Sie Ihre Ziele und Argumente am besten schriftlich. Das verleiht Ihnen nicht nur mehr Sicherheit, sondern signalisiert den Eltern Interesse und Kompetenz.

4. Machen Sie sich im Vorfeld nicht nur mit den Fakten vertraut, sondern reflektieren Sie auch Ihre **Gefühle** gegenüber den Eltern und dem Kind, um das es geht. Oft wird es sich um positive Gefühle handeln. Stehen Konflikte oder Ängste im Raum, können Ihre Gefühle aber auch durchaus negativ sein. Gerade dann ist es wichtig, sich dieser Emotionen bewusst zu sein.

5. Vor einem schwierigen Gespräch versetzen Sie sich in die **Position der Eltern** und überlegen, wie sie sich fühlen, welche ihre Interessen und Wünsche sind und welche Sorgen sie mitbringen.

6. Bemühen Sie sich um eine **positive Einstellung** in dem Gespräch und den Gesprächspartnern gegenüber. Hilfreich ist es, wenn Sie positive Eigenschaften von Eltern und/oder Kind vorher aufschreiben. Damit verinnerlichen Sie die Inhalte besser und vergessen sie später nicht „in der Hitze des Gefechts".

Fazit: Ruhig und ausgeglichen ins Elterngespräch gehen

Eine guter Gesprächspartner für Eltern sind Sie dann, wenn Sie eigene Befindlichkeiten zurückstellen und sich im Gespräch ganz auf Ihren Gesprächspartner konzentrieren. Soweit möglich, sollten andere Themen, sei es aus dem Berufsalltag oder aus dem privaten Umfeld, jetzt außen vor bleiben. Wenn Sie selbst unter Stress stehen, unruhig oder verunsichert sind, fällt es Ihnen deutlich schwerer, die Äußerungen, Signale und Bedürfnisse der Mutter oder des Vaters zu erkennen und angemessen darauf zu reagieren.

Stress beeinflusst Sie nicht nur mental, er hat auch messbare Auswirkungen auf Ihren Körper: Verärgerte, wütende oder unsichere Menschen atmen flacher und transportieren damit weniger Sauerstoff ins Gehirn. Gleichzeitig werden Stresshormone ausgeschüttet. Die Augen stellen sich auf Fernsicht um und die Gliedmaßen werden besser durchblutet. All das sorgt dafür, dass das Gehirn weniger effizient arbeiten kann – schlechte Voraussetzungen für gute Gespräche!

Perspektivwechsel: Die Eltern einschätzen

Ein empathischer Umgang mit den Erziehungsberechtigten wird leichter, wenn Sie von Zeit zu Zeit die Perspektive wechseln und sich einmal bewusst die Situation der Eltern vergegenwärtigen. Versetzen Sie sich einmal in die Position der Mutter, die so angesprochen wird. Was wird sie empfinden? Freudige Erwartung? Oder doch eher eine leichte Unsicherheit?

Als Lehrer verkörpern Sie automatisch die Institution Schule und stellen eine Autoritätsperson dar, auch wenn Sie das selbst gar nicht so einschätzen. Eine Einladung zum Gespräch macht darum viele Eltern erst einmal nervös. Automatisch überlegen sie, ob ihr Verhalten (oder das ihres Kindes) Anlass zu Kritik geboten hat, selbst wenn dazu kein Anlass besteht. Gab es bereits häufiger Grund zu Gesprächen oder gar Auseinandersetzungen, verstärkt sich diese natürliche Nervosität noch. Folge fürs Gespräch: Mütter und Väter reagieren empfindlicher, nervöser und vielleicht auch aggressiver als gewöhnlich.

Für die meisten Eltern stellen Gespräche in der Schule eine Stress-Situation dar. Dafür gibt es mehrere Gründe:

- ➜ Eltern führen viel seltener solche Gespräche als Lehrer. Sie kennen weder den Ablauf noch den zu erwartenden Inhalt – das verunsichert oder macht nervös.
- ➜ Anders als viele Lehrer verfügen die meisten Eltern nicht über das methodische Handwerkszeug, um Konflikte Erfolg versprechend zu lösen. Deshalb ist es so wichtig, dass Lehrer ihre Rolle als Gesprächsleitung annehmen und ausfüllen.
- ➜ Das Gesprächsthema, um das sich alles dreht, ist das eigene Kind. Für die Eltern ist das ein hoch emotionales Thema, das in der Regel direkt mit ihrem Selbstbild verknüpft ist. Eine (vermeintliche) Kritik am Kind oder die Befürchtung, als Eltern falsch gehandelt zu haben, wird schnell als Angriff auf die eigene Person verstanden.
- ➜ Eltern waren selbst einmal Schüler und haben sich damit im Verhältnis zum Lehrer in einer schwächeren Position befunden (*„Wenn ich die Schule betrete,*

steigt mir dieser typische Geruch in die Nase und ich fühle mich plötzlich wieder wie damals als Schüler."). Diese Rolle des Schülers fließt mit allen negativen Auswirkungen mit in das aktuelle Gespräch ein und erschwert einen sachlichen Austausch auf Augenhöhe.

→ Eltern befürchten negative Auswirkungen für ihr Kind, wenn sie sich offen äußern. *„Das hätte ich lieber nicht sagen sollen"* oder *„Das spreche ich besser nicht an"* sind typische Sätze vor oder nach einem Gespräch mit Lehrkräften.

Abwehrreaktionen richtig deuten

All diese Gründe können dazu führen, dass Eltern im Gespräch anders reagieren, als wir uns das vorstellen oder wünschen. Manchmal wittern sie eine Kritik, wo keine beabsichtigt war, und manchmal stellen sie sich aus unserer Sicht absichtlich taub und wollen einfach nicht verstehen. Auch verbale Angriffe kommen vor oder Eltern flüchten sich in Passivität und ziehen sich vollkommen zurück. Machen Sie sich in solchen Fällen bewusst, dass weder aggressives noch gleichgültiges Verhalten Ihnen persönlich gilt. Abwehr oder Rückzug sind vielmehr in der Regel Zeichen dafür, dass sich die Eltern verunsichert, verletzt oder angegriffen fühlen. **Abwehrreaktionen** im Gespräch können sich **verbal** oder **nonverbal** äußern.

Verbale Abwehr, z. B. durch ...

→ **Vorwürfe**
„Was denken Sie sich eigentlich ...?"
„Wie konnten Sie denn nur ...?"
„Warum haben Sie denn nicht ...?"

→ **Angriffe**
„Woher wollen Sie denn das wissen?"
„Ich wende mich an die Schulleitung!"
„Das wird noch ein Nachspiel haben!"

→ **Anschuldigungen**
„Sie hätten aber wirklich ..."
„Es ist Ihre Schuld, dass ..."
„Wenn Sie nicht ... getan hätten, dann ..."

→ **Abstreiten**
„Das kann ich mir gar nicht vorstellen!"
„Davon haben die anderen Lehrer noch nie etwas gesagt!"
„Zu Hause macht sie das nie!"

→ **Abblocken**
„Das geht Sie gar nichts an!"
„Das ist unsere Sache!"
„Das muss ich mir von Ihnen nicht sagen lassen!"

Nonverbale (körpersprachliche) Abwehr, z. B. durch ...

→ einsilbige Antworten,
→ Schweigen,
→ Wegsehen,
→ unruhiges Herumrutschen auf dem Stuhl,
→ Verlassen des Raumes.

Reagieren Sie auf abwehrendes Verhalten nicht „mit gleicher Münze", sondern bemühen Sie sich um eine professionelle und empathische Haltung. Wenn Ihnen bewusst ist, dass die schroffen Worte einer Mutter eine Reaktion auf eine beängstigende Situation darstellen und nicht Ihnen persönlich gelten, gelingt Ihnen das viel leichter. Statt daher beleidigt zu reagieren, abzublocken oder zum Gegenangriff überzugehen, bewerten Sie Aggression und Ärger erst einmal als einen Versuch der Eltern, sich oder ihr Kind zu schützen.

In einem solchen Fall bringt es meist wenig, gegenzuhalten, das verstärkt den Widerstand nur und führt im schlimmsten Fall zu wirklich aggressivem Verhalten. Produktiver ist es, wenn Sie Verständnis äußern oder die Reaktion direkt ansprechen. Beispielsweise:

→ *„Sie haben das Gefühl, dass ich Ihre Situation nicht verstehe, weil ich selbst keine Kinder habe?"*
→ *„Sie wirken überrascht von dem, was ich sage?"*
→ *„Sie sind auf einmal ganz still geworden. Könnte das daran liegen, dass ...?"*

Auch automatisches Abblocken oder Zurückweisen eines Vorwurfs bringt Sie nicht weiter. Zeigen Sie stattdessen, dass Sie die Eltern ernst nehmen und versuchen wollen, mit ihnen zu klären, worum es genau geht, und eine gemeinsame Lösung zu finden. Bei verbalen Angriffen besteht z. B. auch immer die Möglichkeit, dass die Eltern einen begründeten Anlass für ihren Ärger haben. Schon deshalb ist es sinnvoll, auf die Beschwerde einzugehen und nachzufragen, statt auszuweichen, das Thema zu wechseln oder zu beschwichtigen.

ÜBUNG | **Perspektivwechsel**

Um sich in die Position der Eltern zu versetzen, stellen Sie sich einmal folgende Situation vor: Sie möchten sich in Ihrem Reisebüro über eine schiefgelaufene Reservierung beschweren und werden von den Mitarbeitern gar nicht ernst genommen. Spielen Sie im Kopf verschiedene Möglichkeiten durch, wie die Mitarbeiterin reagieren könnte (Ausweichen, Abstreiten, Verharmlosen etc.) und beobachten Sie Ihre eigene Reaktion.

Auf Eltern eingehen, auch wenn sie Abwehr zeigen, heißt übrigens nicht, dass Sie sich alles gefallen lassen sollen und für alles Verständnis aufbringen müssen. Wenn Ihnen der Ton Ihres Gegenübers nicht gefällt, ist es völlig legitim, das auch anzusprechen. Beispielsweise so: *„Ich verstehe Ihren Ärger. Darüber müssen wir unbedingt in Ruhe sprechen. Ich fühle mich aber angegriffen, wenn Sie mich so anschreien. Bitte lassen Sie uns sachlich darüber reden, was passiert ist."* Im nächsten Schritt lässt sich dann klären, worin das Problem besteht.

Die meisten Eltern wünschen sich zutiefst, dass ihre Erziehungsleistung und die Tatsache, dass sie das Beste für ihr Kind wollen, vom Lehrer anerkannt werden – auch oder gerade wenn Probleme auftauchen.

Fünf Schritte, um mit Abwehr umzugehen

SCHRITT 1 | Verständnis zeigen

Nehmen Sie Ihrem Gegenüber Wind aus den Segeln, indem Sie nicht auf Kontra gehen, beschwichtigen oder abwiegeln, sondern zunächst zeigen, dass Sie Verständnis für die Reaktion haben: *„Ich verstehe, dass Sie sich wünschen, dass Paula gut bei uns gefördert wird."* Ihr Verständnis bedeutet nicht, dass Sie dem Gegenüber Recht geben. Es rechtfertigt auch nicht eine unangemessene Form von Kommunikation, im Gegenteil. Wenn sich Eltern im Ton vergreifen, sollten Sie das ruhig direkt ansprechen (*„Ich sehe, dass Sie wirklich ärgerlich sind. Wir werden die Sache jetzt sofort klären. Bitte schreien Sie mich aber nicht an, ich fühle mich angegriffen."*). Durch Ihr Verständnis zeigen Sie jedoch, dass Sie das Anliegen Ihres Gegenübers ernst nehmen.

SCHRITT 2 | Klären, worum es genau geht

Oft sind Anklagen und Angriffe unspezifisch: *„Warum bereiten Sie die Klassenarbeiten nicht besser vor?", „Paula langweilt sich in Ihrem Unterricht und kaspert deshalb herum.", „Kilian hat solche Angst, dass er gar nicht mehr in die Schule gehen möchte."* Statt sofort abzuwiegeln, Gegenargumente zu bringen oder sich zu verteidigen, zeigen Sie Interesse und versuchen, genau herauszufinden, worum es im Einzelfall eigentlich geht. Viele wütende Eltern lassen sich schon dadurch besänftigen, dass sie sich ernst genommen fühlen.

Außerdem können Sie den Sachverhalt nur klären, wenn klar ist, wo das eigentliche Problem liegt. Fragen Sie deshalb genau nach den Vorstellungen und Wünschen der Eltern und bitten Sie darum, unspezifische Vorwürfe zu konkretisieren:

➜ *„An welche Art der Vorbereitungen denken Sie denn genau?"*
➜ *„Ich würde gern verstehen, was Sie damit genau meinen. Lassen Sie uns doch einen Termin für ein Gespräch vereinbaren, dann können Sie mir Ihre Erwartungen schildern."*
➜ *„Gibt es einen konkreten Anlass für Ihre Sorge? Was ist denn genau zwischen den beiden vorgefallen?"*

SCHRITT 3 | Das Thema inhaltlich eingrenzen und gemeinsame Zielvorstellungen finden

Wenn deutlich ist, worum es geht, können Sie das Problem inhaltlich weiter beleuchten. Fragen Sie nach Vorstellungen, Meinungen, Hintergründen:

➜ *„Woran würden Sie eine gute Vorbereitung genau festmachen?"*
➜ *„Was würde denn Ihre Tochter sagen, wenn sie erzählen sollte, wie es ihr in der Schule gefällt?"*
➜ *„Heißt das, dass Sie ... wünschen?"*

Wahrscheinlich ist die Stimmung jetzt bereits etwas ruhiger geworden und Sie können gemeinsam überlegen, welche Lösungen für das Problem infrage kommen bzw. welche Informationen oder anderen Schritte noch benötigt werden. Diesen Schritt erreichen Sie aber nur, wenn Sie beim Thema bleiben und nicht ausweichen, abwiegeln, sich verteidigen oder rechtfertigen.

SCHRITT 4 | Standpunkte klären, ohne zu werten

Auch Ihre eigene Reaktion ist natürlich gefragt! Lassen Sie sich aber nicht unter Druck setzen, hier und jetzt eine Lösung zu präsentieren. Gerade wenn Eltern Kritik äußern, wünschen sie sich eine schnelle Klärung oder ein Eingehen auf ihre Wünsche. Das ist aber nicht immer möglich und auch nicht sinnvoll. Erklären Sie also Ihren Standpunkt:

➜ *„Wären Sie bereit, auch meinen Standpunkt zu sehen?"*
➜ *„Ich kann Ihnen dazu sagen, wie sich die Situation aus meiner Perspektive darstellt."*

Dabei sollten Sie nicht werten oder gleich eine Schlussfolgerung ziehen. Geben Sie auch den Eltern Gelegenheit, ihren Standpunkt darzustellen, und zeigen Sie Interesse durch aufmerksames Nachfragen.

Gehen Sie auf die Argumente ein! Wenn ein Gespräch nur daraus besteht, dass beide ihre Ansichten äußern, ist damit noch keine Klärung erreicht. Viele Konflikte lassen sich lösen, indem Sie Verständnis für die Probleme der Eltern zeigen und die ehrliche Bereitschaft äußern, gemeinsam mit ihnen nach Abhilfe zu suchen. Wenn das nicht gelingt, scheuen Sie sich nicht, das Gespräch notfalls auf später zu vertagen:
„Ich bin froh, dass wir jetzt schon einmal in Ruhe darüber reden konnten. Eine Lösung kann ich Ihnen aber nicht sofort versprechen. Ich möchte das Thema erst einmal überdenken/im Kollegium besprechen/weitere Informationen dazu einholen."

SCHRITT 5 | Abschluss und Ausblick

„Ich danke Ihnen für Ihre Offenheit. Ihre Reaktion hat mich ja erst etwas erschreckt, aber ..." Den letzten Schritt bildet der Gesprächsabschluss. Fassen Sie das Ergebnis und die nächsten Schritte noch einmal kurz zusammen. Damit wird sichergestellt, dass beide Gesprächspartner tatsächlich das gleiche Ergebnis aus dem Gespräch mitnehmen. Gerade in emotional aufgeladenen Situationen ist es wichtig, diese Zusammenfassung zum Schluss nicht zu vergessen – sonst ist das nächste Missverständnis womöglich vorprogrammiert.

Fazit: Die Eltern und ihre Bedürfnisse im Blick haben

Ob Eltern für Sie Erziehungspartner oder Störfaktoren sind, liegt also nicht zuletzt an Ihrer eigenen Einstellung. Wenn Sie ihnen mit Wertschätzung und Respekt begegnen und die Bereitschaft zeigen, sich in ihre Position zu versetzen, sind die wichtigsten Voraussetzungen für ein gelungenes Gespräch erfüllt. Als Gesprächsleitung liegt es in Ihrer Verantwortung, Unstimmigkeiten anzusprechen und in klare Worte zu fassen. Beobachten Sie dazu die Äußerungen und vor allem auch die Körpersprache Ihrer Gesprächspartner. Wenn Sie den Eindruck haben, die Eltern wollten Sie persönlich angreifen oder eine Auseinandersetzung hätte mit der Sachfrage eigentlich nichts zu tun, bringen Sie auch das deutlich zum Ausdruck:

- *„Ich habe den Eindruck, es geht Ihnen hier auch um meine Person."*
- *„Ich fühle mich dadurch auch persönlich angegriffen."*
- *„Ich glaube, dass wir an dieser Stelle nicht weiterkommen. Lassen Sie uns doch zu einem späteren Zeitpunkt noch einmal ganz in Ruhe darüber sprechen. Bis dahin kann ich mich etwas sammeln und Ihnen vielleicht besser vermitteln, worum es mir geht."*

Egal ob ein Angriff berechtigt ist oder nicht – im Konfliktfall auf die Eltern einzugehen und nachzufragen, ist auch deshalb so wichtig, weil hinter der Abwehr oft andere Themen stehen, als die angesprochenen. Der geäußerte Ärger ist dann nur ein Zeichen für tiefer gehende Probleme.

Die richtigen Rahmenbedingungen

Sie fühlen sich sicher in Ihrer Rolle, sind fachlich gut vorbereitet und haben sich in Ihren Gesprächspartner hineingedacht? Dann konzentrieren Sie sich für einen Augenblick auf eine weitere Zutat eines gelingenden Gesprächs: **den passenden Rahmen.**

Vermutlich führen Sie Elterngespräche im Klassenzimmer oder gelegentlich auch im Lehrerzimmer durch. Nur wenige Schulen sind in der glücklichen Lage und verfügen über einen eigenen Besprechungsraum für Elterngespräche. Auch wenn das Klassenzimmer nicht den idealen Rahmen darstellt (zu groß, keine erwachsenengerechten Sitzmöbel, zu unpersönlich), schaffen Sie mit einigen „Tricks" eine angenehme Atmosphäre, die den Eltern Willkommenseins signalisiert:

- **Aufgeräumt, angenehm warm, hell, gut gelüftet** – achten Sie darauf, dass diese Selbstverständlichkeiten nicht unter den Tisch fallen, und nehmen Sie sich die Zeit, vor Gesprächsbeginn den Raum zu sichten und ggf. in Ordnung zu bringen.
- **Offene Türen.** Vielleicht arbeiten Sie an einer kleinen Schule und können Eltern, mit denen Sie ein Beratungsgespräch vereinbart haben, gleich an der Tür empfangen und freundlich begrüßen. Wenn das nicht möglich ist, sorgen Sie dafür, dass die Eltern genau wissen, wo das Gespräch stattfindet (z. B. durch eine schriftliche Nachricht, die Sie dem entsprechenden Schüler am Tag zuvor als Erinnerung mitgeben). Seien Sie schon kurz vor dem vereinbarten Gespräch vor Ort und öffnen die Tür zum Klassenraum/Lehrerzimmer, damit Mutter oder Vater nicht unnötig davor warten müssen.
- **Ruhig und ungestört** – dazu reicht ein Türschild mit der Aufschrift „Bitte nicht stören, wir sind im Gespräch". Stehen – wie beim Elternsprechtag – mehrere Gesprächstermine an, hängen Sie eine ausgedruckte Liste mit Namen und Zeiten außen an die Tür. So wissen die Ankommenden, dass vor ihnen schon jemand im Raum ist, und platzen nicht einfach herein.

→ **Getränke und evtl. eine Kleinigkeit zu essen** sind über alle kulturellen Grenzen hinweg ein Zeichen von Geselligkeit. Außerdem eignen sie sich hervorragend, um erste Unsicherheiten zu überwinden und einen unkomplizierten Einstieg ins Gespräch zu finden. Stellen Sie beim Elternsprechtag eine Schale mit kleinen Süßigkeiten (bitte einzeln verpackte wählen!) auf den Tisch und sorgen Sie bei ausführlicheren Beratungsgesprächen auch für Saft, Wasser oder Kaffee.

→ In der Grundschule wird oft noch viel **gebastelt** oder im Rahmen von Projektarbeiten **praktisch gearbeitet**. Wenn es sich ergibt und gerade ein jahreszeitliches Thema bearbeitet wurde oder ein anderes geeignetes Objekt zur Verfügung steht, stellen Sie doch ein beklebtes Glas mit einer Kerze, ein Körbchen mit bunt bemalten Eiern oder ein anderes praktisches Beispiel auf den Tisch. Das schafft Atmosphäre und kann als positiver „Aufhänger" für das folgende Gespräch dienen.

Atmosphäre entsteht nicht nur durch nette Dekoration oder Kerzen auf dem Tisch. Warum nicht mal das Klassenterrarium, die selbst gezogenen Bohnen oder die gesammelten Blätter und Zapfen in Sichtweite platzieren? Damit steht ein idealer Anknüpfungspunkt zur Verfügung, der aktuelles Unterrichtsgeschehen greifbar macht und einen positiven Aufhänger für viele Elterngespräche bietet.

Wie ich sitze, so fühle ich mich!

> Beim letzten Gespräch mit Kilians Eltern herrschte gleich eine komische Stimmung. Ich hatte das Gefühl, dass wir gar nicht richtig in Kontakt gekommen sind und die Eltern von Anfang an auf Kontra eingestellt waren.

Besondere Bedeutung kommt in Sachen Atmosphäre der Sitzordnung zu. Es ist keineswegs egal, in welcher Anordnung die Gesprächspartner sich zueinander befinden. Vermeiden sollten Sie nach Möglichkeit die Sitzordnung, bei der Sie hinter dem Lehrerpult „thronen" und Mutter und/oder Vater vor Ihnen sitzen. Eine solche Sitzordnung vermittelt einen Hierarchieunterschied und sorgt allein deshalb für Unbehagen: Wer hinter dem Lehrertisch sitzt, hat eine Machtposition, während sein Gegenüber die Bittsteller-Rolle einnimmt – ganz unabhängig von dem tatsächlichen Verhältnis. Gerade weil viele Eltern mit der Erinnerung an die eigene Schulzeit unangenehme Gefühle von Machtlosigkeit und Ausgeliefertsein verbinden, ist diese Sitzordnung ungeeignet. Stellen Sie stattdessen lieber zwei oder drei Tische zusammen und platzieren einige erwachsenengerechte Stühle darum.

„Aber so fühle ich mich sicherer und geschützt!", werden vielleicht einige einwenden. Tatsächlich wird sogar gelegentlich empfohlen, mit Tisch und vielen Unterlagen oder Ordnern eine Barriere zwischen sich und den Eltern aufzubauen. Oder die Eltern auf kleinen Schülerstühlen Platz nehmen zu lassen, während man selbst auf dem erwachsenengerechten Lehrerstuhl sitzt. Kompetente Gesprächsleitung, die den Eltern ein Gefühl des Willkommenseins und des Respekts vermittelt, sieht aber anders aus!

Gegenübersitzen – Konfrontation und Aufmerksamkeit

Die Sitzanordnung gegenüber beinhaltet immer eine gewisse Konfrontation zwischen den Gesprächspartnern, zudem erschwert sie den gemeinsamen Blick auf mitgebrachte Unterlagen, wie Beobachtungsbogen oder Gesprächsprotokoll. Vorteile hat diese Sitzordnung jedoch auch.

Sie funktioniert gut, wenn ...

→ zwei Elternteile anwesend sind, die gestärkt werden sollen oder an einem Strang ziehen sollen. Dann sitzen beide Eltern nebeneinander, die Lehrkraft gegenüber.

- im Konfliktgespräch deutliche Absprachen getroffen werden sollen und der Lehrer seine Position als Pädagogik-Profi verdeutlichen möchte.
- die Gesprächsleitung sich die Sicherheit des Tisches als „Barriere“ wünscht. Das kann der Fall sein, wenn die Atmosphäre bereits angespannt ist.
- signalisiert werden soll, dass sich jemand voll und ganz auf den anderen konzentriert und ihm seine volle Aufmerksamkeit schenkt.

An den herkömmlichen, länglichen Schultischen sitzen Sie automatisch gegenüber, weil die Längsseite zu schmal für eine Über-Eck-Position ist. Stellen Sie deshalb ggf. zwei Tische aneinander und positionieren die Stühle entsprechend, wenn Sie nicht gegenüber Platz nehmen wollen. Die meisten Eltern werden es Ihnen auch danken, wenn Sie für erwachsenengerechte Stühle sorgen oder gleich ins Lehrerzimmer umziehen. Schon im eigenen Interesse: Wer sich auf Erstklässler-Stühlchen quetschen muss, bringt kaum ausreichend Konzentration für ein ausführliches Gespräch auf.

Über Eck sitzen – Kooperation

Die Sitzordnung über Eck vermittelt ein Miteinander. Geeignet ist sie daher für alle Elterngespräche, die partnerschaftlich ablaufen sollen. Auch bei mehreren Teilnehmern können z. B. zwei Elternteile über Eck gesetzt werden, während die Lehrkraft die dritte Tischseite einnimmt, oder Mutter und Vater sitzen nebeneinander, während die Lehrkraft über Eck sitzt.

Empfehlenswert ist die Über-Eck-Sitzordnung, wenn …

- eine entspannte Gesprächsatmosphäre entstehen soll.
- Eltern und Lehrer gemeinsam Unterlagen, wie Beobachtungsbögen, Arbeitsbeispiele o. Ä., betrachten.
- zwei Eltern über Eck gesetzt werden und jeder für sich ansprechbar ist.
- vonseiten der Schule mehr als ein Gesprächspartner teilnimmt (z. B. Beratungslehrer, Hilfe-Plan-Gespräche) und beide nicht den Eltern gegenüber nebeneinandersitzen möchten, um nicht als „Block“ wahrgenommen zu werden.

„Komm mir nicht zu nahe" – die richtige Distanz finden

Bei der Sitzordnung über Eck (und übrigens auch beim Tür-und-Angel-Gespräch) ist auch die Gesprächsdistanz zu beachten. Dafür benötigen Sie kein Zentimeter-Maß. Jeder Mitteleuropäer nimmt ganz unbewusst wahr, wenn jemand ihm zu nahe kommt. Etwa 60 Zentimeter beträgt der Abstand, den wir als angenehm empfinden. Näher kommen dürfen nur enge Freunde und Familienmitglieder. Verlassen Sie sich am besten auf Ihr Gefühl und verrücken Sie im Zweifelsfall lieber gleich anfangs den Stuhl ein wenig, wenn Sie sich unwohl fühlen. Ebenso sollten Sie sensibel auf die Signale Ihrer Gesprächspartner achten. Tritt jemand nach der Begrüßung per Handschlag einen Schritt zurück, so kann das ein Zeichen dafür sein, dass diese Person mehr räumliche Distanz benötigt.

Menschen aus anderen Kulturen haben zum Teil ein anderes Gefühl für Distanzzonen. In den sogenannten „Kontaktkulturen" ist Körperkontakt ein wesentlicher Bestandteil der Kommunikation. Für Eltern aus Südamerika, dem Vorderen Orient, Russland und teilweise auch aus Afrika kann es also völlig normal sein, Sie öfter zu berühren. Auch Menschen aus Südeuropa und den USA suchen während des Gesprächs eher Körperkontakt, indem sie Sie z. B. am Arm berühren.

„Herzlich willkommen!"

Ebenso wichtig, wie der angenehme Raum, ist der ausreichende Zeitrahmen. Nehmen Sie sich für ein Beratungsgespräch mindestens 30 Minuten Zeit (bei schwierigen Themen etwas länger, jedoch nicht mehr als maximal 60 Minuten). Informieren Sie die Eltern gleich zu Gesprächsbeginn über diesen Zeitrahmen sowie den geplanten Ablauf des Gesprächs.

Idealerweise sieht Ihr Gesprächseinstieg dann so aus:

- freundliche Begrüßung und Dank, dass sich die Eltern Zeit für das Gespräch genommen haben,
- Überblick über Dauer und Gesprächsablauf kurz skizzieren,
- positiver Einstieg mit Bezug auf das Kind oder eine offene Frage: *„Was erzählt sie zu Hause?", „Wie geht es Lisa aus Ihrer Sicht in der Schule?"*

Unabdingbar für die Verständigung ist natürlich auch die Sprache. Informieren Sie sich im Vorfeld, ob Eltern mit Migrationshintergrund über ausreichende Sprachkenntnisse verfügen und organisieren Sie, falls notwendig, einen Dolmetscher. Achten Sie auch bei deutschsprachigen Gesprächspartnern darauf „in der Sprache des Gegenüber" zu sprechen. Konkret heißt das, dass Sie sich dem Sprachniveau Ihres Gegenübers anpassen, damit Sie verstanden werden.

Fazit: Für gute Atmosphäre sorgen

So banal die oben aufgeführten Anforderungen an Raum, Sitzordnung, Zeit und Begrüßung klingen mögen, so wichtig sind sie doch. Bedenken Sie, dass für viele Eltern das Gespräch mit Ihnen eine Stress-Situation darstellt. Indem Sie den Rahmen so angenehm wie möglich gestalten, schaffen Sie eine Atmosphäre des Willkommens, die dem Gegenüber vermittelt: *„Schön, dass du hier bist!"*

Was im Vorfeld sonst noch zu den wichtigen und sinnvollen Vorbereitungsschritten vor dem Elterngespräch zählt, können Sie der folgenden Übersicht entnehmen. Ebenfalls hilfreich für Ihre strukturierte Elternarbeit ist das Gesprächsprotokoll, das stichwortartig entweder während des Elterngesprächs oder unmittelbar danach ausgefüllt wird – eine Kopiervorlage finden Sie im Kapitel 4 „Wichtige Gesprächsanlässe in der Grundschule" auf S. 91ff.

AUF EINEN BLICK

So bereiten Sie Elterngespräche vor

Hier die wichtigsten Anregungen auf einen Blick, die Ihnen unabhängig vom Gesprächsanlass helfen, mit den Eltern kooperativ und erfolgreich zu kommunizieren:

Verständnis für die Situation der Eltern mitbringen
→ Fragen Sie sich im Vorfeld des Gesprächs: Wie geht es den Eltern? Welche persönlichen, kulturellen, sozialen Voraussetzungen bringen sie mit? Über welche Ressourcen für die Bildungs- und Erziehungspartnerschaft verfügen sie?

Realistische Erwartungen haben
→ Eltern sind unterschiedlich. Erwarten Sie nicht von allen das Gleiche und verurteilen Sie niemanden, weil er nicht ebenso viel Engagement oder Vorwissen mitbringt wie andere Eltern. Nehmen Sie die Eltern so, wie sie sind – freuen Sie sich über Stärken und akzeptieren Sie Schwächen.

Den Eltern eine möglichst stressfreie, angenehme Gesprächsatmosphäre bieten
→ Dazu gehört beim Elterngespräch ein ungestörter Raum, der Willkommensein ausstrahlt, ausreichend Zeit und eine gute Vorbereitung.

Im Vorfeld Vertrauen schaffen
→ Durch regelmäßige Kontakte auf vielerlei Ebenen (Sprechstunde, Elternabend, informelle Gespräche, Telefonate ...) ermöglichen Sie einen Austausch, der sich auf das Positive konzentriert und nicht erst im Konfliktfall beginnt.

Den Eltern auf Augenhöhe begegnen
→ Dazu gehören Respekt und die Bereitschaft, Gefühle und Wünsche ernst zu nehmen. Sprechen Sie Eltern namentlich an und zeigen Sie Interesse an ihrer Situation und dem jeweiligen Kind.

Wertschätzung vermitteln
→ Geben Sie immer auch positive Rückmeldungen zum Kind und bemühen Sie sich, im Elterngespräch mehr Positives als Negatives zu äußern (z. B. im Verhältnis 2 : 1 – zwei positive Beobachtungen mitteilen, dann erst eine kritische).

Gefühle ansprechen
→ Fakten sind wichtig – Vertrauen bilden Sie aber eher, indem Sie auf die Gefühlsebene achten und die Körpersprache beobachten. Sprechen Sie Gefühle an, wenn Sie diese wahrnehmen, oder fragen Sie nach, wenn Sie unsicher sind (*„Wie geht es Ihnen damit?“, „Sie sind sehr still geworden. Geht Ihnen das alles zu schnell?“*).

Lob aussprechen
→ Loben Sie z. B. für die Bereitschaft der Eltern zum Gespräch, für ihre Offenheit oder die Bereitschaft, Verabredungen einzuhalten.

Nachfragen
→ Fällen Sie keine vorschnellen Urteile und schließen Sie nicht von einem Fall auf alle anderen. Klären Sie jede Situation durch aufmerksames Nachfragen!

Ratschläge vermeiden
→ Halten Sie sich mit ungebetenen Ratschlägen zurück. Effektiver ist es, wenn die Eltern und Kinder selbst zu Lösungen finden. Selbst wohlgemeinte Belehrungen rufen schnell Widerstand hervor, nehmen die Betroffenen aus der Verantwortung oder gehen an der Lebensrealität vorbei.

KAPITEL 3

Der Werkzeugkoffer für eine gute Gesprächsführung

Grundlagen der Kommunikation

Was von der Lehrerin Frau Meier als sachliche Feststellung gemeint wird, kommt bei Markus' Mutter, Frau Schmidt, ganz anders an. Sie hört aus den Worten der Lehrerin einen Vorwurf heraus, der sich gegen sie persönlich richtet (*„Sie haben sich nicht ausreichend um Markus gekümmert.“*, *„Sie haben als Mutter versagt, weil Markus nicht selbstständig arbeitet.“*). Auf den vermeintlichen Angriff der Lehrerin reagiert sie mit Aggression (*„Das ist ja auch kein Wunder, in der Klasse herrscht ja so ein Durcheinander, dass die Kinder ihr eigenes Wort nicht verstehen. Da kriegt er die Aufgaben eben einfach nicht mit.“*) oder mit Abstreiten und Ausweichen (*„Das kann gar nicht sein, vielleicht hat er sein Heft nicht gefunden.“*).

Innerhalb weniger Sekunden wird so aus einem Austausch von Informationen ein potenzieller Konflikt. Der Grund: Kommunikation ist immer störanfällig, weil Sprache mehrdeutig ist und Sender (diejenigen, die eine Botschaft aussprechen) und Empfänger (diejenigen, bei denen sie ankommt) sich mit unterschiedlichen Voraussetzungen in den Austausch einbringen. Wer diese Störanfälligkeit kennt, tut sich leichter dabei, möglichen Missverständnissen auszuweichen.

In der Regel gelingt uns das intuitiv – wir haben gelernt, die Botschaften zu entschlüsseln, die über die gesprochenen Worte hinaus durch die Körpersprache, Mimik, Tonfall, Sprechtempo und viele andere Signale in einer Unterhaltung mitschwingen. Übertragen auf das Beispiel oben: Je nachdem, ob die Lehrerin lächelt, die Augenbrauen hebt, ob ihr Tonfall ungeduldig klingt oder ob sie die Mutter mit einer Geste zur Seite zieht, kann sich der Inhalt der Äußerung in den Ohren der Mutter ändern. Statt eines Vorwurfs können die Worte dann als partnerschaftlicher Hinweis, als sachliche Botschaft oder sogar als Hilfsangebot verstanden werden.

Auch die Mutter ist als Empfängerin am Erfolg des kurzen Austauschs beteiligt. Obwohl sie zunächst nur zuhört, entscheiden ihr Verständnis des Gesagten und ihre Reaktion darüber, in welche Richtung sich die Unterhaltung weiterentwickelt. Was genau bei ihr ankommt, hat viel mit ihrer Persönlichkeit zu tun und auch damit, wie sie sich im Verhältnis zur Lehrerin sieht. Aber auch ihre Tagesform kann darüber entscheiden, welche Bedeutung sie den Worten der Lehrerin beimisst. Was wir heute mit einem Lächeln abtun, kann morgen schon als Beleidigung verstanden werden.

Statt also wie beschrieben aggressiv oder ausweichend zu reagieren, könnte sie genauso gut betont sachlich antworten: *„Danke für diese Information, das war mir nicht bewusst."* Oder sie könnte die Äußerung als Angebot verstehen und erleichtert reagieren: *„Ich bin froh, dass Sie ihn so genau im Blick haben und mich informieren, wenn etwas aus dem Ruder läuft."*

Das Vier-Seiten-Modell der Kommunikation

Eines der bekanntesten Modelle zur Beschreibung von Kommunikationsvorgängen stammt von dem Hamburger Psychologen und Kommunikationswissenschaftler *Friedemann Schulz von Thun*. In seinem Vier-Seiten-Modell der Kommunikation[2] beschreibt er, dass jede Botschaft vier Bestandteile enthalten kann. Je nachdem, welcher Aspekt dem Sender besonders am Herzen liegt, können die gleichen Worte demnach unterschiedliche Bedeutung haben. Die **vier Bestandteile** sind:

1. **Sachbotschaft**
2. **Selbstoffenbarungsbotschaft**
3. **Beziehungsbotschaft**
4. **Appellbotschaft**

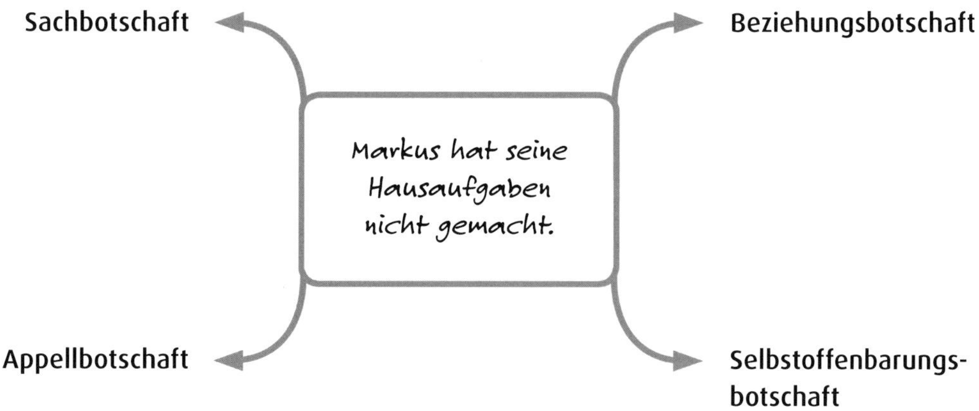

[2] *vgl. Friedemann Schulz von Thun: Miteinander reden 1. Rowohlt TB Verlag, 2010.*

1. Sachbotschaft

Die Sachbotschaft enthält nach Schulz von Thun immer den reinen Sachinhalt der Botschaft, ganz ohne versteckten Hinweis. In der Regel handelt es sich um Fakten, um eine Beobachtung oder ein Problem. Der Sprecher sagt in seiner Botschaft aus, wie er die Sachlage sieht. Äußert die Lehrerin, Frau Meier, also *„Markus hat gestern zum dritten Mal in diesem Monat seine Hausaufgaben nicht gemacht"*, dann lautet die Botschaft auf der Sachebene genauso: Er hat die Aufgaben 3-mal nicht erledigt.

2. Selbstoffenbarungsbotschaft

Die Selbstoffenbarung gibt Auskunft darüber, wie sich der Sprecher fühlt oder innerlich in Bezug auf die Sachlage empfindet. Gerade in beruflichen, professionellen Zusammenhängen kommen solche Botschaften oft vor. Hinter einer vermeintlich sachlichen Äußerung versteckt sich dann eine Selbstoffenbarung. Missverständnisse sind vorprogrammiert, wenn ein Sender sein Bedürfnis nicht klar ausspricht, sondern nur „durch die Blume" äußert. Bezogen auf das Beispiel mit Markus könnte die Botschaft der Lehrerin auf der Selbstoffenbarungsebene lauten: *„Ich bin frustriert, weil Markus trotz aller Anstrengungen, die ich unternommen habe, seine Aufgaben nicht erledigt hat."*

3. Beziehungsbotschaft

Gibt die Selbstoffenbarung Auskunft darüber, wie sich der Sprecher fühlt, so teilt die Beziehungsbotschaft mit, wie der Sprecher sein Gegenüber sieht. Die Einschätzung des anderen zeigt sich oft an den nonverbalen Signalen (lächeln, zugewandte Körperhaltung, zum anderen hinbeugen, hochgezogene Augenbrauen etc.). Selbst dem Wortlaut nach beleidigende Worte können in diesem Zusammenhang eine völlig andere Bedeutung erlangen, während auch vermeintliche Höflichkeiten wie „Guten Morgen!" durch entsprechende Betonung und Blicke einen deutlichen Vorwurf oder sogar einen Angriff mitteilen können. Auf der Beziehungsebene wird auch deutlich, ob wir unseren Gesprächspartner als gleichberechtigt wahrnehmen und ihm auf Augenhöhe begegnen oder ob nach unserer Meinung ein Machtgefälle innerhalb der Beziehung besteht. Je nachdem, welche weiteren Signale die Lehrerin aussendet, könnte ihre Botschaft an die Mutter auf der Beziehungsebene daher lauten: *„Ich halte Sie für eine schlechte Mutter, weil Sie Markus so viel durchgehen lassen."*

4. Appellbotschaft

Jede Äußerung kann auch eine Aufforderung an den Angesprochenen enthalten. Eindeutig und unmissverständlich sind jedoch nur offen ausgesprochene Forderungen, Befehle oder Bitten (*„Mach bitte das Fenster zu."*). Aber auch ohne eine direkt ausgesprochene Aufforderunwg macht die Appellbotschaft oft klar, was wir von einem anderen erwarten. Geschieht das bewusst, kann man von Manipulation sprechen. Die Äußerung *„Markus hat gestern zum dritten Mal in diesem Monat seine Hausaufgaben nicht gemacht!"* kann also durchaus den Appell der Lehrerin an die Mutter enthalten: *„Sorgen Sie dafür, dass so etwas nicht wieder vorkommt."*

Was heißt das nun fürs Elterngespräch in der Grundschule?

Grundsätzlich sollten Erwartungen und Wünsche als solche ausgesprochen werden – nur dann vermeiden Sie Missverständnisse. Je präziser Sie formulieren, desto größer die Erfolgsaussichten. Das funktioniert allerdings nur, wenn Sie sich über Ihre eigenen Motive im Klaren sind. Wenn daher die Lehrerin im Beispiel mehr Engagement von der Mutter wünscht, sollte sie das auch deutlich ansprechen. Andernfalls kann ihre verpackte Botschaft ganz anders ankommen, z. B. als Vorwurf oder Herablassung. Beides sind sichere „Kommunikationskiller", die eine konstruktive Zusammenarbeit zwischen Elternhaus und Schule sicher nicht erleichtern.

Die vier Ohren des Empfängers

Doch es kommt nicht nur darauf an, was ein Sender mit seiner Aussage meint. Ebenso wichtig für die Kommunikation ist, was der Angesprochene versteht bzw. welches seiner „vier Ohren" er gerade geöffnet hat. Die vier Ohren des Empfängers entsprechen den vier Bedeutungsebenen des Senders. Zu Missverständnissen im Gespräch kann es nach dieser Vorstellung daher auch kommen, wenn etwa drei von vier Ohren fest geschlossen sind und nur eines weit geöffnet ist. Hört ein Gesprächspartner vor allem die Botschaften auf der Beziehungsebene, so fragt er sich ständig, was der andere wohl von ihm denken mag. Ist sein Appell-Ohr weit geöffnet, reagiert er auf unausgesprochene Aufforderungen – oder auf das, was er dafür hält. Um Konflikte und Missverständnisse im Elterngespräch zu vermeiden, ist es daher sinnvoll, auch das eigene „Hörempfinden" einmal zu überprüfen und kritisch zu betrachten – und nachzufragen, was tatsächlich bei den Eltern angekommen ist.

Das hören die vier Ohren

- Das **Sach-Ohr** nimmt den faktischen Inhalt einer Aussage auf, ohne sie auf versteckte Botschaften abzuklopfen. Sagt daher die Lehrerin *„Lisa ist in den letzten Wochen sehr lebhaft"* zur Mutter, so könnte deren Reaktion einfach lauten: *„Ja, das beobachte ich auch."* Obwohl eine sachliche Gesprächsbasis beim Elterngespräch wünschenswert ist, kann ein Gegenüber, der keine Nuancen und Zwischentöne wahrnimmt, als anstrengend und wenig kooperativ wahrgenommen werden. Empfinden Sie Eltern auf diese Weise, überprüfen Sie zunächst das eigene Kommunikationsmuster – vielleicht haben Sie Erwartungen nicht eindeutig genug geäußert.
- Das **Selbstoffenbarungs-Ohr** ist ganz auf das Gegenüber ausgerichtet und hört, was dieses über die eigene Befindlichkeit mitteilt. Personen, die auf diesem Ohr gut hören, sind häufig in sozialen Berufen anzutreffen und zeichnen sich durch hohe Empathie und Einfühlungsvermögen aus. Allerdings prallt an ihnen auch Kritik ab, weil sie jede Äußerung auf das Gegenüber beziehen und nicht auf sich selbst. Im geschilderten Beispiel könnte die Mutter auf die Äußerung der Lehrerin daher antworten: *„Stört sie Ihren Unterricht?"* oder *„Das bringt sicher Unruhe in die Klasse, oder?"*
- Ein weit geöffnetes **Beziehungs-Ohr** kann dagegen genau zur gegenteiligen Reaktion führen, bei der die Empfänger alles auf sich beziehen. Selbst sachliche Aussagen werden dann leicht fehlinterpretiert. Eine Mutter, deren Beziehungs-Ohr besonders ausgeprägt ist, würde auf die Aussage der Lehrerin *„Lisa ist in*

den letzten Wochen sehr lebhaft" demnach einen an sie gerichteten Vorwurf hören und darauf vielleicht ausweichend oder mit Abwehr reagieren (*„Ich weiß gar nicht, was Sie meinen."* oder *„Wahrscheinlich fühlt sie sich einfach unterfordert."*).

→ Menschen, die vorwiegend mit dem **Appell-Ohr** hören, klopfen jede Äußerung auf eine versteckte Aufforderung ab. Sie sind oft sehr hilfsbereit und lösungsorientiert (*„Was kann ich tun?"*), verausgaben sich aber auch schnell und fühlen sich dann ausgenutzt – auch wenn dafür objektiv kein Grund besteht. Aus der Äußerung der Lehrerin, dass Lisa sehr lebhaft ist, würde eine Mutter, deren Appell-Ohr weit geöffnet ist, demnach sofort eine Aufforderung heraushören, selbst aktiv zu werden: *„Ich denke darüber nach, sie zum Kinder-Yoga anzumelden, damit sie ruhiger wird."*

Transaktionsanalyse

Ein weiteres Modell, das helfen kann, eigene Kommunikationsmuster zu erkennen und entsprechende Kommunikationsfallen zu vermeiden, stammt von dem amerikanischen Psychoanalytiker *Eric Berne*: die Transaktionsanalyse[3]. Berne beschreibt darin, dass Menschen verschiedene „Ich-Zustände" einnehmen, die sie auch im Gespräch verkörpern. Dabei sind die Zustände nicht statisch, sondern können innerhalb von Sekunden wechseln – je nachdem, auf welche Weise ein Gegenüber angesprochen wird und welches sein oder ihr persönlicher Hintergrund ist. Wer diese Zustände kennt, kann Gespräche besser steuern und die Reaktionen seiner Gesprächspartner schneller deuten.

Die drei Ich-Zustände der Transaktionsanalyse sind:

→ Eltern-Ich
→ Erwachsenen-Ich
→ Kind-Ich

[3] *vgl. Eric Berne: Die Transaktionsanalyse in der Psychotherapie. Junfermann Verlag, 2006.*

Jedem Zustand werden bestimmte Haltungen zugeordnet:

- Das **Eltern-Ich** bewegt sich demnach zwischen den Polen „Kontrolle" und „Fürsorge" (Stützendes und Kritisches Eltern-Ich). Menschen, die aus dem Eltern-Ich heraus handeln, werden oft als fürsorglich, beschützend, bemutternd, tröstend oder ermutigend wahrgenommen, aber auch als autoritär, dominant, abwertend oder befehlend.
- Das **Erwachsenen-Ich** charakterisiert Eric Berne als sachlich, konkret, rational handelnd und objektiv. Wer aus dem Erwachsenen-Ich heraus handelt, kann auf der Inhaltsebene Informationen austauschen und seine eigene Rolle reflektieren. Im Erwachsenen-Ich befinden sich Gesprächspartner also im Idealzustand, um konstruktive Gespräche auf Augenhöhe zu führen.
- Das **Kind-Ich** bewegt sich zwischen den Polen des „angepassten" und des „freien" Kindes und zeigt folgende Charaktereigenschaften: kreativ, spontan, ideenreich und spielerisch, aber auch rebellisch, trotzig, ängstlich, bettelnd oder schüchtern.

Die drei Zustände befinden sich in einem ständigen Wechselspiel, wobei sie einander auslösen und bedingen. So ruft ein Agieren im (kritischen) Eltern-Ich (z. B. mit einem Vorwurf) beim Gegenüber fast zwangsläufig das (trotzige) Kind-Ich auf den Plan, das sich rechtfertigt, oder ebenfalls ein kritisches Eltern-Ich, das seinerseits mit Gegenvorwürfen reagiert. Eine Ansprache durch das Erwachsenen-Ich wird dagegen meist vom Erwachsenen-Ich des Gesprächspartners erwidert – dann ist ein sachlicher Austausch auf Augenhöhe möglich. In welcher Weise wir auf eine Ansprache reagieren, hängt immer von der persönlichen Sozialisation ab. Sie bestimmt, ob wir eine schüchterne Frage (Kind-Ich) bemutternd oder autoritär beantworten oder ob wir auf einen dominanten Auftritt ängstlich oder trotzig reagieren.

Eric Berne betont, dass die drei Ich-Zustände keiner Wertung unterliegen, die darauf hinausläuft, dass Eltern-Ich und Kind-Ich schlecht und nur das Erwachsenen-Ich wünschenswert ist. Im Gegenteil – alle Zustände haben ihre Berechtigung:

- Das **Eltern-Ich** ist dafür zuständig, klare Aussagen zu treffen und eindeutig und bestimmt den eigenen Standpunkt zu vertreten, wenn es notwendig ist. Gerade diese Position wird im Elterngespräch immer wieder gebraucht.
- Das **Erwachsenen-Ich** hilft uns, eine Situation rational zu beurteilen und überzeugend zu argumentieren.
- Das **Kind-Ich** schließlich ist für kreative, spontane und überraschende Ansätze und Lösungen unentbehrlich, die auch im professionellen Bereich unverzichtbar sind.

Was heißt das nun fürs Elterngespräch in der Grundschule?

Wer sich über die eigene Rolle und seine Wirkung auf andere im Klaren ist, kann souveräner handeln. Als Lehrer streifen Sie vielleicht ganz unbewusst das kritische Eltern-Ich über, wenn Sie ein Gespräch mit den Erziehungsberechtigten führen, und wundern sich unter Umständen über die verbohrte, trotzige oder zurückhaltende Reaktion.

Wenn Sie respektvoll und konstruktiv kommunizieren möchten, ist es aber wichtig, den Eltern auf Augenhöhe zu begegnen. Nur dann entwickelt sich eine Gesprächsatmosphäre, die tragbare Ergebnisse möglich macht. Auch wenn ein Austausch zwischen einem dominanten Eltern-Ich (Lehrer) und einem schüchternen Kind-Ich (Elternteil) vielleicht zunächst attraktiv erscheint (*„Dann machen die Eltern wenigstens, was ich möchte."*), führen so getroffene Absprachen oft nicht zum Erfolg. Der Grund: Wenn Mütter und Väter nur überredet oder zu etwas gedrängt werden, das sie nicht eigenverantwortlich mittragen, haben alle guten Vorsätze und Pläne letztlich keine Chance auf Umsetzung. Um gemeinsame, tragfähige Lösungen zu finden, benötigen Sie ein Gegenüber, das Ihrem Erwachsenen-Ich ein gleichberechtigtes Erwachsenen-Ich entgegensetzt. Darauf zu achten und durch die richtige Ansprache dem Gegenüber zu ermöglichen, sich möglichst kontinuierlich im Erwachsenen-Ich zu bewegen, ist Ihre Aufgabe als Gesprächsleitung.

„Ich bin okay, du bist okay!"

Die respektvolle Einstellung zum anderen als Grundvoraussetzung für gelungene Gespräche auf Augenhöhe fasst die Transaktionsanalyse in dem gängigen Sinnspruch: „Ich bin okay, du bist okay" zusammen. Darin wird auch deutlich, dass der optimale Ansatzpunkt für ein gelungenes Elterngespräch bei Ihnen persönlich liegt. Fangen Sie bei sich an, reflektieren Sie eigene Motive, Verhaltensmuster und Schwierigkeiten und nehmen Ihre Rolle als Gesprächsleitung an. Nur wenn das gelingt, können Sie die Einstellung „du bist okay" glaubhaft vertreten und widerspiegeln.

Beispiel: *„Achten Sie bitte darauf, dass Katharina in Zukunft ihre Hausaufgaben erledigt"* ist eine Aussage im Eltern-Ich, auf die die Mutter im Kind-Ich verschüchtert antworten könnte: *„Ja, ich kümmere mich darum."* Oder trotzig: *„Darum kann ich mich nicht auch noch kümmern, ich habe schließlich noch drei weitere Kinder."* Reagiert sie als kritisches Eltern-Ich würde ihre Antwort vielleicht lauten: *„Vielleicht sollten Sie als Lehrkraft mal klare Anweisungen geben. Dann versteht meine Tochter auch, was von ihr erwartet wird."*

Im Erwachsenen-Ich erteilt die Lehrkraft der Mutter keine Anweisung, sondern überlässt ihr die Verantwortung für eine Lösung des Problems „fehlende Hausaufgaben". Denkbar wäre folgende Ansprache: *„Katharina hat in den letzten zwei Wochen ihre Hausaufgaben 3-mal vergessen. Haben Sie eine Idee, was der Grund ist und was wir da unternehmen könnten?"* So angesprochen, kann die Mutter im Erwachsenen-Ich antworten und sich als Gesprächspartnerin auf Augenhöhe einbringen.

Wenn sich die Eltern im Erwachsenen-Ich befinden, übernehmen sie Verantwortung. Das entlastet die Lehrperson. Benötigt wird jedoch auch die Bereitschaft, unterschiedliche Ansichten, Werte und Verhaltensweisen zu akzeptieren und den Eltern die Verantwortung für ihre Entscheidungen zu überlassen.

Drama-Dreieck

Inspiriert von den drei Ich-Zuständen der Transaktionsanalyse formulierte *Stephen Karpman* ein weiteres Kommunikationsmodell: das „Drama-Dreieck“[4]. Auch hier nehmen die Gesprächspartner drei Zustände oder Rollen ein, die sich untereinander bedingen:

- ➔ Opfer
- ➔ Verfolger
- ➔ Retter

Anders als im Modell der Transaktionsanalyse ist keine dieser archetypischen Figuren, die uns aus Märchen und Sagen bekannt sind, in der Lage, ein konstruktives Gespräch auf Augenhöhe zu führen. Stattdessen verwickeln sie sich in „Dramen“, eine Lösung kann es nicht geben. Keine der drei Rollen entspricht dem Erwachsenen-Ich der Transaktionsanalyse, das für ein gelungenes Elterngespräch gebraucht wird.

So funktioniert das Drama-Dreieck

- ➔ Auf Anhieb scheint das **Opfer** die schwächste Position zu besetzen – es wird für etwas verantwortlich gemacht oder erhält Vorwürfe *(„Sie müssen mit Kilian täglich üben!“)*. Leicht wird übersehen, dass ein Opfer nicht nur passiv ist, sondern seine Rolle freiwillig annimmt und damit die anderen beiden Rollen, den Verfolger und den Retter, als mächtig und stark definiert. Daraus zieht das Opfer seinen Nutzen: Es gibt Verantwortung ab *(„Das schaffe ich einfach nicht“, „Ich weiß gar nicht, wie ich das anstellen soll.“)* und entzieht sich der Notwendigkeit, aus eigener Kraft etwas an der Situation zu ändern.
- ➔ Mit seinem Handeln zieht das Opfer den **Retter** magisch an. Retter greifen hilfreich ein und lösen (vermeintlich) die Probleme des Opfers: *„Am besten, Sie legen eine Zeit fest und setzen sich jeden Tag von 15:30 bis 16:00 Uhr mit ihm hin.“* Retter werden auch dann aktiv, wenn sie gar nicht darum gebeten werden, sondern sich einfach dazu verpflichtet fühlen. Vorteil für den Retter: Er nimmt die Position des Kompetenten und moralisch Überlegenen ein und darf sich stark fühlen.
- ➔ Wie der Retter ist auch der **Verfolger** mächtig. Anders als dieser ist seine Grundhaltung jedoch eher aggressiv. Der Verfolger steht über dem Opfer und will es zurechtweisen oder sogar bestrafen. Er fühlt sich stark und überlegen – daraus zieht er seine Befriedigung. Verfolger: *„Sie als Mutter werden doch wohl Ihr Kind täglich zum Üben motivieren können!“*

[4] *vgl. Stephen Karpman: „Fairy Tales and Script Drama Analysis“, Transactional Analysis Bulletin, 7 (26), S. 39–43, 1968.*

Was heißt das nun fürs Elterngespräch in der Grundschule?

Für das Elterngespräch in der Grundschule liefert das Drama-Dreieck eine ausgezeichnete Hilfestellung. Das Modell hilft dabei, unproduktive Kommunikationsmuster zu erkennen und kann damit zu mehr Klarheit und Verständnis in Bezug auf die eigenen Reaktionen und die Dynamik im Gespräch führen. Fühle ich mich von der fordernden Mutter oder dem aggressiven Vater in die Enge gedrängt und schwach? Dann nehme ich möglicherweise die Opferrolle ein. Weise ich die Eltern zurecht, während sie passiv reagieren? Dann befinde ich mich in der unproduktiven Verfolgerrolle.

Wer ein Drama-Dreieck erkennt, sollte aus den Rollen aussteigen bzw. dem Gegenüber dabei behilflich sein. Verfolger müssen gestoppt werden, Retter mit ihrem ungebetenen Einsatz konfrontiert und Opfer aus der Passivität geholt werden. Keine der eingenommenen Rollen führt schließlich zum Erfolg.

Im Folgenden finden Sie einige **Beispiele für Drama-Dreiecke im Elterngespräch**:

Beispiel 1

Mutter: *Ich weiß einfach nicht, was ich noch machen soll, damit Tobi seine Hausaufgaben erledigt.* (→ Opfer)

Lehrerin: *Ich verstehe Ihre Situation. Aber Sie sollten ihm einfach ganz klare Grenzen setzen. Zum Beispiel durch feste Zeiten für die Hausaufgaben.* (→ Retter)

Mutter: *Das haben wir doch alles schon versucht.* (→ Opfer)

Lehrerin: *Es ist natürlich wichtig, dass Sie auch konsequent sind.* (→ Verfolger)

Mutter: *Aber was soll ich denn noch machen? Er hört einfach nicht auf mich.* (→ Opfer)

Lehrerin: *Jetzt regen Sie sich mal nicht auf. Andere Eltern kriegen das doch auch hin. Vielleicht sollten Sie mal zur Erziehungsberatung gehen.* (→ Verfolger)

Mutter und Lehrerin liefern sich in diesem Beispiel eine „Verfolgungsjagd": Die Lehrerin „greift an", die Mutter weicht aus, wiegelt ab und spielt herunter. Das Ende dieser Unterhaltung kommt erst, wenn die Mutter entnervt klein beigibt (*„Dann machen wir es eben so, wie Sie wollen"*) oder sich entzieht. Auch ein Gegenangriff, bei dem sie ihrerseits die Rolle des Verfolgers einnimmt, ist denkbar. Für eine tragfähige Lösung müsste aber eine der beiden ihre Rolle im Drama-Dreieck erkennen – und aussteigen.

Beispiel 2

Mutter: *Die Parallelklasse behandelt schon das dritte Kapitel und Sie sind immer noch bei Kapitel 1.* (→ Verfolger)
Vater: *Naja, das ist vielleicht ganz normal.* (→ Retter)
Lehrerin: *Solange die Klasse so unruhig ist, kommen wir eben nicht schneller weiter.* (→ Opfer)
Mutter: *Ich mache mir eben Sorgen, dass Tobi ausreichend gefördert wird. Am Ende der Klasse muss er den Stoff schließlich können.* (→ Verfolger)
Lehrerin: *Darüber wollte ich mit Ihnen sprechen. Tobi arbeitet in letzter Zeit nicht mehr gut mit.* (→ Verfolger)
Mutter: *Wie meinen Sie das? Zu Hause ist er wie immer.* (→ Verfolger)
Lehrerin: *Das kann ich mir eigentlich nicht vorstellen. In der Klasse fällt sein Verhalten deutlich auf.* (→ Verfolger)
Mutter: *Das höre ich jetzt zum ersten Mal. Eben habe ich mit der Mathelehrerin gesprochen, die war ganz zufrieden mit ihm."* (→ Verfolger)
Lehrerin: *Sie können mir schon glauben, dass ich die Situation richtig einschätze.* (→ Verfolger)
Mutter: *Die Kinder haben aber den Eindruck, dass Sie oft nicht bei der Sache sind. Und Sie waren ja auch viel krank in letzter Zeit.* (→ Verfolger)

Hier weiß sich die Mutter als Opfer nicht mehr zu helfen und geht zum „Gegenangriff" über. Sichtbar wird wie oben, dass keine der Rollen im Drama-Dreieck auf Kooperation abzielt. Um diese zu erreichen, muss einer der Gesprächspartner das Drama-Dreieck verlassen. Das gelingt z. B., indem die Lehrerin auf der Meta-Ebene den Gesprächsverlauf kommentiert und das unproduktive Verhalten sichtbar macht: *„Ich habe den Eindruck, dass wir von der Sache abkommen. Sie hatten den Lernfortschritt in Mathematik angesprochen. Verstehe ich Sie richtig, dass Sie sich Gedanken darüber machen, ob wir den Lernstoff in der vorgesehenen Zeit schaffen werden?"* Mit diesem Vorgehen eröffnet sie auch der Mutter die Option, ihre letztlich unproduktive Verfolger-Rolle aufzugeben und kooperativ zu agieren.

Ressourcenorientierung

Neben dem Wissen darüber, wie Kommunikation funktioniert, ist die Einstellung den Eltern gegenüber entscheidend für den Erfolg des Gesprächs. Wie bereits ausgeführt, kommt es in der Regel weniger darauf an, **was** gesagt wird, als vielmehr **wie** es gesagt wird. Wenn durch Körperhaltung, Gestik, Mimik etc. deutlich wird, das eine wertschätzende, positive Haltung zum Gegenüber besteht, müssen einzelne Worte nicht auf die Goldwaage gelegt werden.

Bestehen muss diese Haltung jedoch – sie lässt sich nicht vorspielen. Ein Schritt zur positiven Grundhaltung dem Gesprächspartner gegenüber ist es, sich die Stärken (Ressourcen) der Person zu vergegenwärtigen[5]. Eine solche ressourcenfokussierte Einstellung gilt als effektive Strategie für gelingende Gespräche mit Eltern. Gute Resultate erzielen Sie damit vor allem in Beratungsgesprächen, in denen es darum geht, gemeinsame Problemlösungen zu erarbeiten.

Bei der Gesprächsanalyse zeigt sich immer wieder, dass Elterngespräche von beiden Seiten als unbefriedigend und nutzlos empfunden werden, wenn ...

➜ ein Problem als so überwältigend erlebt wird, dass keine befriedigende Lösung in Sicht ist oder

➜ trotz verschiedener Lösungsvorschläge keine Änderung der Situation bzw. des Verhaltens eintritt.

„Aber wir haben doch so viele Vorschläge gemacht, wie Frau Schmidt in Zukunft dafür sorgen kann, dass Kilian pünktlich zur Schule kommt. Trotzdem schafft sie es einfach nicht, das umzusetzen“, beklagt sich die Lehrerin dann vielleicht. Ihre Kollegin ergänzt: *„Bei meinem Gespräch sind wir nicht mal dahin gekommen. Die Eltern von Kemal verweigern sich einfach total, wir sind zu keiner Lösung gekommen.“*

Vor allem im Beratungsgespräch tun Sie gut daran, verstärkt auf die Ressourcen von Eltern und Kind zu achten. Auch wenn es auf den ersten Blick nicht so aussehen mag – die Betroffenen verfügen in der Regel durchaus über Mittel, Möglichkeiten und Wege, mit Krisen und Problemen umzugehen, auch wenn sie manchmal noch ausgebaut werden können. Die Konzentration auf ihre Stärken und Handlungsoptionen hilft ihnen dabei, eigene, Erfolg versprechende Wege zur Problemlösung zu finden. Wenn diese Lösungen dagegen von außen (also von Ihnen) vorgegeben werden, nehmen Sie den Eltern und ihren Kindern die Verantwortung für ihre eigenen Probleme ab. Mehr noch – Sie hindern sie daran, Lösungen zu entwickeln, die für ihre individuelle Situation passend wären.

---

[5] *Ressourcenorientierung ist ein Begriff, der u. a. in der Psychotherapie Verwendung findet. Beschrieben wird das Konzept u. a. in Thomas Möbius, Sibylle Friedrich: „Ressourcenorientiert arbeiten in der Sozialen Arbeit“, VS Verlag für Sozialwissenschaften, 2010.*

Was heißt das nun fürs Elterngespräch in der Grundschule?

Ressourcenorientierung ist ein hilfreiches Instrument für konstruktive Elterngespräche. So bringen Sie sie in Ihre Arbeit mit den Erziehungsberechtigten ein:

1. Positives finden

Erstellen Sie für sich eine „Positivliste" des entsprechenden Kindes bzw. der Familie, um die es geht, und heben Sie aus Ihrer Sicht positive Aspekte des Kindes hervor. Sie zeigen den Eltern damit, dass Sie das Kind nicht nur als Störer, Lernverweigerer, Förderfall o. Ä. sehen. Damit steigern Sie die Bereitschaft der Eltern zur Kooperation – Eltern wünschen sich, dass sie und ihr Kind anerkannt werden, auch und gerade in problematischen Situationen. Beispielsweise so: *„Ich weiß, dass Sie sich wünschen, dass Felix bessere Leistungen in Mathematik erbringt. Bevor wir dazu kommen, möchte ich Ihnen aber noch sagen, wie zufrieden ich mit seiner sozialen Entwicklung in der Klasse bin. Er hat ..."*

2. Ressourcen sehen

Lenken Sie den Blick auf Stärken und Ressourcen von Eltern und Kind, indem Sie die Eltern danach fragen:

- ➜ *„Wir haben jetzt über Johannas Unlust auf die Schule gesprochen. Wo sehen Sie denn zurzeit ihre Interessen, was macht ihr Freude?"*
- ➜ *„Wie haben Sie Killian denn im letzten Halbjahr dabei unterstützt, die Hausaufgaben regelmäßig zu machen?"*
- ➜ *„So, wie Sie die Situation schildern, sehe ich, wie schwierig das für Sie war. Wie konnten Sie Felix überhaupt noch motivieren, zur Schule zu kommen?"*

Der Blick auf die Ressourcen eröffnet neue Möglichkeiten, ein Problem zu lösen.

Ressourcen sind oft außerhalb der Schule zu finden, z. B. im sportlichen und sozialen Bereich oder bei den Hobbys. Hier zeigen auch schwierige Kinder Fähigkeiten wie Durchhaltewillen, Konzentrationsfähigkeit, Empathie, Anstrengungsbereitschaft, die für die Bewältigung von schulischen Herausforderungen auch wichtig sein können bzw. aus denen ein Kind Stärke und Selbstbewusstsein bezieht. Helfen Sie den Eltern dabei, diese positiven Eigenschaften zu erkennen und zu würdigen, und schärfen Sie den eigenen Blick dafür. Wichtig: Es geht nicht darum, unerwünschtes Verhalten „schönzureden“. Die Konzentration auf das, was gut funktioniert, hilft aber beim Veränderungsprozess.

3. Ausnahmen erkennen

Suchen Sie gemeinsam nach Ausnahmen vom problematischen Verhalten und nach bislang erprobten erfolgreichen Lösungsansätzen. Kein Kind ist durchgängig unmotiviert, wütend oder leistungsschwach. In jedem Fall gab es eine Zeit, bevor das problematische Verhalten aufgetreten ist. Wenn Sie herausfinden, wann ein störendes Verhalten nicht auftritt, ergibt sich daraus vielleicht eine Möglichkeit zur Lösung. Auch diese Ausnahmen finden Sie mit Fragen heraus:

- *„Wo zeigt Kilian denn, dass er Verantwortung übernehmen kann? Wo können Sie sich ganz sicher auf ihn verlassen?“*
- *„Wann ist denn Johanna so richtig mit Begeisterung bei einer Sache?“, „In welchen Fächern klappt es ganz gut mit den Aufgaben?“*
- *„Wann hat Felix sich vor einer Klassenarbeit richtig sicher gefühlt?“*

Der Blick auf das, was funktioniert, hilft Ihnen und den Eltern, die „Problemhypnose“ zu verlassen und nach vorn zu blicken. Besonders für die Eltern, die sich oft schon seit Wochen mit einem Problem beschäftigen, kann das sehr entlastend wirken und den Blick für neue Sichtweisen öffnen.

ÜBUNG | Nicht nur das Negative sehen!

Mit dieser kurzen Übung führen Sie den Eltern anschaulich vor Augen, dass der Blick auf ein Problem uns oft blind für die vielen positiven Aspekte und die Ressourcen macht. Malen Sie, wie in der Abbildung rechts, einen dicken schwarzen Punkt auf ein quer gelegtes DIN-A4-Blatt (am besten vorher vorbereiten!) und fragen Sie, was die Eltern auf diesem Blatt Papier sehen. Die allermeisten werden antworten: einen schwarzen Punkt. Erklären Sie, dass der Punkt zwar da ist, dass aber der überwiegende Teil der Fläche weiß ist. Die schwarze Farbe nimmt nur einen Bruchteil der Fläche ein, wird aber als Einziges wahrgenommen. So ist es oft mit Schwierigkeiten, die Eltern an ihren Kindern wahrnehmen. Gesehen wird allein der schwarze Punkt, während das viele Weiß drum herum ausgeblendet wird.

4. Positive Erklärungen suchen

Die Systemische Sichtweise[6] geht davon aus, dass jedes Verhalten für den Handelnden einen Nutzen ergibt, auch wenn dieser nicht sofort sichtbar ist. So verschafft wiederholtes Stören im Unterricht einem Schüler Beachtung durch die Lehrkraft und ein gewisses Maß an Anerkennung durch die Klassengemeinschaft. Es ist daher bei der Problembetrachtung auch wichtig, einmal zu überlegen, welchen Sinn das Verhalten für das Kind ergibt bzw. in welchem Kontext das Verhalten sinnvoll sein könnte. Dazu können Sie ruhig Vermutungen anstellen: *„Welchen Vorteil hat Lisa von ihrem Verhalten?"*

Hilfreich kann es sein, Ihre Vermutungen im Elterngespräch als Alternativen zur Interpretation der Eltern anzubieten: *„Also, Sie sind der Meinung, Johanna wäre einfach trotzig. Sie halten nichts davon, dass sie vielleicht überfordert sein könnte und sich deshalb so verhält."*

[6] *Die Systemische Therapie hat sich aus der Arbeit mit Familien entwickelt. Systemisches Denken basiert auf der Idee, dass der Schlüssel zur Veränderung nicht nur bei der zu be-handelnden Person liegt, sondern oft im (familiären) Zusammenhang.*

Lösungsorientierung

Eine Faustregel besagt, dass in Beratungsgesprächen 20 % der Gesprächszeit für die Problemanalyse aufgewendet werden sollten, 80 % für das Besprechen von Lösungsansätzen. Es ist tatsächlich enorm wichtig, den Eltern Ihr Verständnis zu zeigen, das Problem zu klären und festzustellen, welches die Sichtweisen der Eltern (evtl. auch des Kindes) bzw. der Schule dazu ist. **Aber:** Die Problembeschreibung ist nur dazu da, eine Lösung zu ermöglichen.

Sie sollten daher unbedingt darauf achten, nicht zu lange beim Problem und seinen möglichen Ursachen zu verweilen – das wirkt auf beide Seiten lähmend und demotivierend. Oft ist genau dieser Fall schon eingetreten, denn schließlich beschäftigt ein störendes Verhalten die Eltern nicht erst seit gestern.

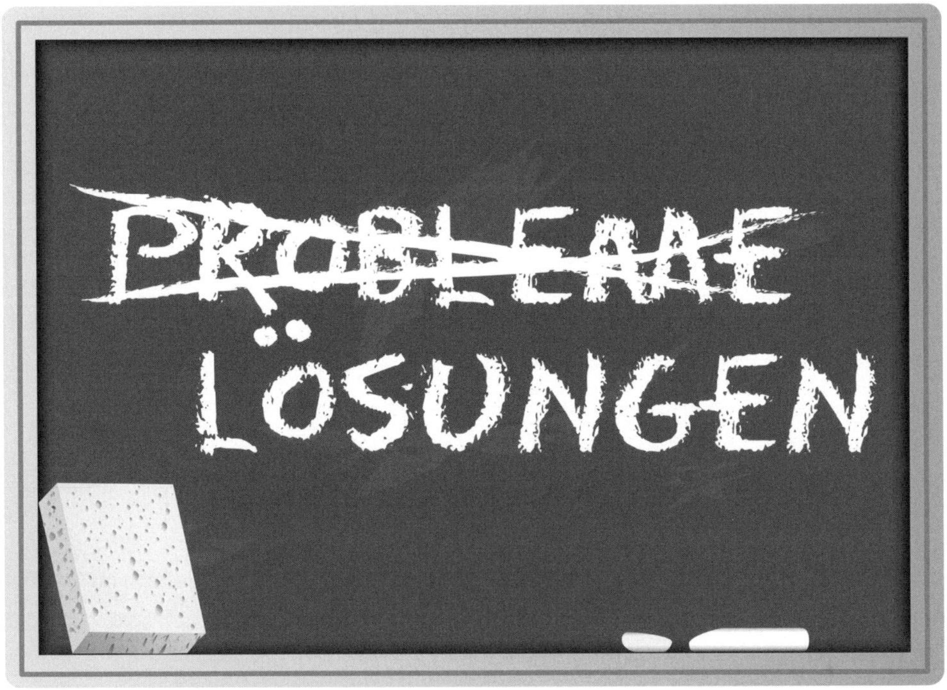

In diesem Fall reagieren Ihre Gesprächspartner vielleicht frustriert, wenn Sie ein Problem ansprechen (*„Ich weiß mir einfach keinen Rat.“*), ärgerlich (*„Warum erfahre ich das erst jetzt?“*), ausweichend (*„Ich weiß gar nicht, wovon Sie reden.“*) oder spielen das Problem herunter (*„Das ist doch bei allen Kindern in dem Alter so, ich finde das nicht weiter schlimm.“*). Lösungsorientiert argumentieren heißt dann auch, das Lösungsinteresse der Eltern herauszuarbeiten, bisherige Lösungsversuche zu erfragen und zu würdigen und den Blick auf die Gegenwart und die Zukunft zu richten.

Begriffsklärung: Lösung muss nicht automatisch heißen, dass ein Problem komplett vom Tisch ist. Im systemischen Sinn kann eine „Lösung“ auch darin bestehen, sich von einer Sichtweise auf die Situation zu lösen und einen anderen Blickwinkel einzunehmen.

Indem Sie sich nicht auf eine Diskussion über das Problem und seine Ursachen einlassen, sondern mit den Eltern auf Stärken und Ressourcen von Kind und Familie schauen, helfen Sie ihnen dabei, sich als handlungsfähig zu erleben. Sie verlagern den Blick von dem, was war, auf das, was sein soll. Um eine konkrete Lösung herbeizuführen, sollten Sie, nachdem ein Ziel formuliert wurde, gemeinsam nach Wegen suchen, die auf die individuelle Lebenssituation und Persönlichkeit des Kindes zugeschnitten sind. Um die notwendige Motivation zur Veränderung zu verstärken, helfen Fragen nach den positiven Gefühlen, die mit einer Problemlösung verbunden sind: *„Wie würden Sie sich fühlen, wenn das Problem gelöst wäre?“, „Woran würden Sie als Erstes erkennen, dass Johanna wieder gern zur Schule geht?“, „Was wäre dann anders bei der Vorbereitung auf die Klassenarbeit?“*

Zeigen Sie, dass Sie an eine mögliche Lösung und an die Lösungskompetenz von Eltern und Kind glauben, z. B. durch den Blick auf ähnliche Situationen, in denen etwas geklappt hat: *„Beim Üben zu Hause konnte Johanna alles. Was glauben Sie, warum es bei der Arbeit immer wieder so schwierig für sie ist?“*

Faustregel: **<u>20 %</u> Gesprächszeit für das Problem aufwenden**
<u>80 %</u> für die Lösung aufwenden

Was heißt das nun fürs Elterngespräch in der Grundschule?

Im Gespräch agieren Sie lösungsorientiert, wenn Sie das Ziel nicht aus den Augen verlieren: gemeinsam eine gute und passende Lösung für das Kind finden.
Sie gehen dazu in **vier Schritten** vor:

SCHRITT 1 | Mit Fragen aktivieren

Nur Lösungen, die gemeinsam entwickelt und von den Eltern (und ihren Kindern) mitgetragen werden, haben Aussicht auf Erfolg. Mit gezielten Fragen lenken Sie das Gespräch dahin, dass die Eltern ihre individuellen Ideen entwickeln. Dabei gilt: *Offene Fragen* („W-Fragen", S. 80 f.) sind am besten geeignet, um die Eltern dazu anzuregen, sich ihrer Ressourcen und Handlungsoptionen bewusst zu werden.

Einige Beispiele für Fragen, die aktivieren und zu Lösungen anregen:

➜ *„Was haben Sie bisher unternommen, um das Problem zu lösen?"*
➜ *„Welche Ideen haben Sie dazu?"*
➜ *„Womit könnten Sie anfangen?"*
➜ *„Wo sehen Sie den wichtigsten Punkt, um Lisa zu fördern?"*
➜ *„Wie können Sie Lisa beim Lernen unterstützen?"*
➜ *„Welche Erwartungen haben Sie an Ihre Tochter, was anders werden müsste?"*
➜ *„Was können Sie tun, wo kann ich Sie als Lehrerin unterstützen?"*
➜ *„Woran würden Sie konkret erkennen, dass Kilian selbstständiger ist?"*
➜ *„Wie möchten Sie miteinander umgehen?"*
➜ *„Was könnte Linus helfen, sich besser zu konzentrieren?"*
➜ *„Was wäre in Ihrem Alltag anders, wenn das Problem gelöst wäre?"*

SCHRITT 2 | Ziele festlegen

Ohne konkretes Ziel, keine Lösung. Auch hierbei benötigen einige Eltern Ihre Unterstützung – oft sind ihre Vorstellungen sehr pauschal (*„Lisa soll bessere Leistungen bringen", „Kilian soll selbstständiger sein"*) und damit schwer umsetzbar. Durch gezielte Fragen bringen Sie Klarheit in die Zielfrage und können daraus konkrete, gangbare Schritte ableiten.

Ziele müssen erreichbar sein. Dafür ist es besser, kleine Schritte zu definieren, als gleich den ganz großen Wurf zu wagen.

SCHRITT 3 | Handlungsalternativen definieren

Auf der Suche nach einer Lösung ist es wichtig, den Eltern freie Hand zu lassen und sie bei der Suche zu unterstützen. Dennoch dürfen Sie auch eigene Vorschläge einfließen lassen – als Pädagoge haben Sie das notwendige Fachwissen und einen weit besseren Überblick über die Optionen.

Alternativen aufzeigen mit der „Nicht"-Formulierung

Hilfreich beim „Ins-Spiel-Bringen" von Alternativen kann die „Nicht"-Formulierung sein: *„Sie fragen nicht noch einmal nach, ob er seine Schulbücher dabeihat, sondern erwarten, dass er sich selbst darum kümmert?", „Sie glauben also, dass Kilian sich schon aufgegeben hat. Sie ziehen nicht in Betracht, dass er mit etwas Unterstützung seine Meinung ändern könnte?"*

SCHRITT 4 | Vereinbarungen treffen

Abmachungen sollten Sie konkret festhalten. Wenn es an Ihrer Schule üblich ist, kann ein Gesprächsprotokoll, das von Ihnen und den Eltern unterschrieben wird, sinnvoll sein. Was schriftlich festgehalten wird, hat für die meisten Menschen einen höheren Stellenwert als mündliche Versprechen. Auch zeitlich gebundene Vereinbarungen (*„Bis wann kümmern Sie sich darum?"*) sind verbindlicher als unbestimmte Zusagen (statt *„Sprechen Sie doch mal mit einer Logopädin darüber."* besser *„Ich habe hier einige Adressen von Logopäden in der Nähe. Bis wann könnten Sie dort anrufen und einen Termin vereinbaren?"*).

Instrumente der Gesprächsführung

Eines wurde auf den letzten Seiten immer wieder deutlich: Die richtige Einstellung ist die Grundvoraussetzung für gelungene Elterngespräche. Vor allem ein Miteinander „auf Augenhöhe" und eine wertschätzende, respektvolle Haltung sind dabei wichtig. Aber wie lässt sich diese Einstellung im Gespräch konkret vermitteln?

Aktives Zuhören

Akzeptanz und Wertschätzung erleben wir, wenn jemand uns sein Interesse zeigt. Echtes Interesse wirkt ausgesprochen kommunikationsfördernd und stellt gleichzeitig einen der wichtigsten Bausteine für eine vertrauensvolle Beziehung dar. Gezeigt wird es durch Zuhören. Wer einem anderen gut zuhört, zeigt damit: *„Du bist mir wichtig. Ich habe Zeit für dich. Ich möchte wirklich wissen, was du denkst."* Dieses bewusst eingesetzte Zuhören heißt „Aktives Zuhören".

In Gesprächen zwischen einer Lehrkraft und den Eltern kommt Aktives Zuhören als Gesprächstechnik immer dann zum Einsatz, wenn Mutter oder Vater ihre Sicht schildern. Wenn es z. B. darum geht, das Problem oder ein Ziel genau zu beschreiben. Auch wenn Sie merken, dass beim Gegenüber starke Gefühle (Wut, Trauer, Verzweiflung, Ratlosigkeit) im Spiel sind, stellt das genaue Zuhören eine sinnvolle Gesprächstechnik dar – einem Vater, der vor Wut „kocht", geben Sie z. B. besser die Gelegenheit, „Dampf abzulassen", indem Sie seinem Anliegen zuhören, statt mit Verteidigung oder Gegenangriffen die Stimmung weiter aufzuheizen. Einer Mutter, die aufgelöst vor Ihnen sitzt, hören Sie erst einmal zu, statt mit guten Ratschlägen vorzupreschen.

Beim Aktiven Zuhören geht es darum, nicht vorschnell mit eigenen Ideen, Bewertungen und Vorschlägen zur Stelle zu sein. Das ist zwar meistens gut gemeint, führt aber oft dazu, dass das eigentliche Anliegen des anderen gar nicht richtig verstanden wird. Wer zu schnell mit eigenen Ratschlägen zur Stelle ist, nimmt seinem Gesprächspartner die Chance, sich ausführlicher zu äußern und selbst eine Lösung zu finden, die ihm vielleicht besser entspricht. Oft kommt es so zu Missverständnissen, weil wir nur annehmen, ein Problem erkannt zu haben, und eine ganz falsche Lösung anbieten. Oder das Gespräch versandet im Banalen, weil sich der Gesprächspartner falsch verstanden fühlt, sich aber nicht traut, auf seinem Anliegen zu beharren.

Besonders Menschen in sozialen Berufen fällt es nicht leicht, sich selbst erst einmal zurückzunehmen und keine Lösungen anzubieten. Schließlich haben wir oft den Eindruck, dass die Eltern genau das erwarten! Richtiges, „aktives" Zuhören kann die Gesprächsleitung auch entlasten, weil der Gesprächspartner damit in die Lage versetzt wird, eigene Lösungen zu finden.

Was heißt das nun fürs Elterngespräch in der Grundschule?

Beim Aktiven Zuhören gehen Sie ganz auf Ihren Gesprächspartner ein und nehmen eigene Meinungen und Reaktionen erst einmal zurück. Dadurch ermöglichen Sie dem Gegenüber, seine Anliegen und Gefühle leichter zu artikulieren und Klarheit darüber zu erlangen. Und so gehen Sie vor:

1. Aufmerksamkeit signalisieren

Ob Sie zuhören, kann man Ihnen nicht wirklich ansehen. Zeigen Sie Ihrem Gesprächspartner darum, dass Sie „ganz Ohr" sind, durch ...

- Nicken,
- Blickkontakt,
- leichtes Vorbeugen,
- bestätigende Laute, wie „aha", „mmmh", „ach so", „und dann?" o. Ä.
- eine Wiederholung einzelner Worte bzw. des Satzendes, z. B.:

  Mutter: *Ich mache mir wirklich Sorgen, weil Lisa immer so verträumt ist und bei den Hausaufgaben trödelt.*

  Lehrerin: *Sie träumt, statt Hausaufgaben zu machen?*

2. Verständnis überprüfen durch Wiederholen

Statt die letzten Worte „wie ein Papagei" zu wiederholen, können Sie das Gehörte in eigenen Worten zusammenfassen. Oft wird das als Frage formuliert, evtl. mit dem Zusatz *„Habe ich Sie richtig verstanden?"* oder *„Das hört sich an, als ob ..."* o. Ä. Damit zeigen Sie dem Gesprächspartner, dass Sie aufmerksam zuhören, und eröffnen ihm gleichzeitig die Möglichkeit, zu widersprechen und gegebenenfalls zu korrigieren. Diese Technik, etwas Gesagtes mit eigenen Worten zu wiederholen, wird auch „Paraphrasieren" genannt, z.B.:

Mutter: *Wie Lisa bei den Hausaufgaben rumtrödelt, treibt mich zum Wahnsinn. Jeden Tag gibt's dabei Streit!*
Lehrerin: *Wenn Lisa Hausaufgaben machen soll, das ist eine Stresssituation für Sie beide?*

3. Gefühle in Worte fassen

Jede Aussage hat eine Sach- und eine Gefühlsebene, selbst in rein sachlichen Gesprächen werden immer Gefühle mitgeteilt. Wer zu verstehen gibt, dass er auch diese Gefühle erfasst, zeigt echtes Verständnis. Dazu werden die Gefühle verbalisiert, die hinter einer Botschaft stecken, z. B.:

Vater: *Ich sehe ja, dass Niklas sich anstrengt und sich Mühe gibt. Aber es bringt ja nichts, er verbessert sich trotzdem nicht.*
Lehrerin: *Es macht Ihnen Sorge, dass er trotz seines guten Willens keine besseren Noten schreibt.*

Aktives Zuhören ist keine Technik, die Sie über einen langen Zeitraum ununterbrochen anwenden können. Die Eltern würden sich vermutlich nicht ernst genommen fühlen, wenn Sie es täten. Sinnvoll ist es jedoch, wenn Sie dem Gesprächspartner Interesse zeigen wollen, wenn jemand seinen eigenen Standpunkt darlegen soll oder wenn in Konfliktsituationen erst einmal „Dampf abgelassen" werden muss.

Beispiel

„Schön, dass Maximilian sich gut eingelebt hat und gut mit den anderen Kindern in der Klasse klarkommt“, sagt die Mutter im ersten Elterngespräch nach der Einschulung. *„Aber er besteht immer darauf, dass ich bei den Hausaufgaben die ganze Zeit neben ihm sitze“*, fügt sie dann noch hinzu. Darauf könnte die Lehrerin z. B. entgegnen:

a) *„Das wird schon noch.“*
b) *„Das geht vielen Kindern so, von meiner Tochter kenne ich das auch.“*
c) *„Er braucht vielleicht einfach noch etwas Zeit.“*
d) *„Sie sollten ihm klarmachen, dass er nicht immer seinen Kopf durchsetzen kann. In der Schule geht das ja auch ohne Sie.“*
e) *„Das ist doch nicht weiter tragisch, bis jetzt gibt es ja nur ganz kurze Aufgaben.“*

Alle Äußerungen sind gut gemeint und sollen die Mutter beruhigen, gehen aber nicht auf ihr eigentliches Anliegen ein. Statt zuzuhören, reagiert die Lehrerin mit Ratschlägen oder Kommentaren. Für sie „funktioniert“ dieses Vorgehen: Sie fühlt sich gut in der Rolle der Ratgeberin, die der Mutter hilft, ein kleineres (aus ihrer Sicht eher nebensächliches) Problem zu lösen. Gleichzeitig beendet sie das Thema damit und kann sich jetzt anderen Inhalten zuwenden, die für sie drängender sind. Aber entspricht das auch der Sicht der Mutter? Um das herauszufinden, könnte die Lehrerin Aktives Zuhören einsetzen. Beispielsweise so:

Lehrerin: *Er möchte nicht alleine sein, wenn er die Aufgaben macht?*
Mutter: *Nein. Er will auch nicht in seinem Zimmer arbeiten, sondern setzt sich an unseren Küchentisch. Und dann muss ich neben ihm sitzen, aber er braucht meine Hilfe gar nicht. Wenn ich ihn frage, ob er nicht alleine Hausaufgaben machen möchte, sagt er immer nein.*
Lehrerin: *Das ist Ihnen lästig, dass Sie immer dabeisitzen sollen?*
Mutter: *Ja. Und ich habe Angst, dass er sich nicht genug zutraut. Die anderen Kinder machen das doch auch alleine. Wie verhält er sich denn in der Schule?*

Durch das **Aktive Zuhören** erkennt die Lehrerin, dass es der Mutter nicht in erster Linie um die Zeit geht, die sie mit Maximilian bei den Hausaufgaben verbringt. Sie ist vielmehr besorgt, dass er nicht selbstständig genug ist und dadurch vielleicht auch in anderer Beziehung Probleme bekommen könnte. Nachdem die Lehrerin dieses „Problem hinter dem Problem“ erkannt hat, kann sie die Situation aus ihrer Perspektive schildern. Durch Zuhören, ohne eigene Ratschläge einzubringen, hat sie ihr Interesse und ihre Offenheit gezeigt und dem Gespräch Raum gegeben, sich weiter zu entwickeln. Damit sorgt sie für eine gute Beziehung, die für das Verhältnis von großem Wert ist. Die Mutter fühlt sich in ihren Sorgen verstanden und ernst genommen. Im „Darüber-Reden“ gelingt es ihr vielleicht, sich über ihre Ängste selbst klarer zu werden und einen Weg zu finden, mit ihnen umzugehen.

Vorteile des Aktiven Zuhörens

- → Der Gesprächspartner fühlt sich verstanden.
- → Ehrliches Interesse schafft Vertrauen.
- → Wer zuhört, konzentriert sich auf sein Gegenüber, statt nur auf sich selbst. So werden Missverständnisse vermieden.
- → Eigene Lösungen können gefunden werden, die eher in die Praxis umgesetzt werden als gute Ratschläge.
- → Zuhören schafft die Gelegenheit, eine Sachlage im Gespräch besser zu verstehen.

Bemühen Sie sich, in Ihren Elterngesprächen immer wieder einmal an das Aktive Zuhören zu denken. Sie signalisieren damit Interesse, bauen Vertrauen auf und erfahren mehr über die Eltern. Nicht zuletzt entlasten Sie sich selbst von der unausgesprochenen Erwartung, für jedes Problem eine Lösung parat zu haben.

Richtig fragen

Zuhören setzt immer jemanden voraus, der bereit ist, sich Ihnen zu öffnen. Gelegentlich merken wir im Gespräch aber, dass die Unterhaltung stockt und ein Austausch nicht richtig in Gang kommt. Eine mögliche Ursache können die falschen Fragen sein. Einige Fragen bringen eine Unterhaltung schnell zum Versiegen, andere laden zum Reden geradezu ein. „Wer fragt, der führt“, lautet eine bekannte Regel in der Kommunikation. Mit Fragen lenken Sie als Gesprächsleiter den Verlauf der Unterhaltung nach Ihren Vorstellungen – vorausgesetzt, Sie kennen die Macht Ihrer Fragen und können sie gezielt einsetzen. Ganz allgemein gesprochen, unterscheidet man **zwei** große **„Fragefamilien“**:

1. Geschlossene Fragen

Diese Fragen lassen immer nur begrenzte Antwortmöglichkeiten zu.
In der Regel werden sie mit Ja oder Nein beantwortet, z. B.:

➜ *„Gefällt dir mein neues Kleid?"*
➜ *„Sind Sie damit einverstanden?"*
➜ *„Können Sie morgen um 16:00 Uhr in mein Büro kommen?"*

Auch so genannte Alternativfragen zählen zu den geschlossenen Fragen. Sie eröffnen dem Befragten ebenfalls nur die Option, zwischen zwei oder mehr vorgegebenen Möglichkeiten zu wählen, ein freies Antworten ist nicht vorgesehen, z. B.:

➜ *„Magst du heute Mittag Pfannkuchen oder Kartoffelsuppe?"*
➜ *„Treffen wir uns im Café oder im Park?"*
➜ *„Ist Ihnen der Mittwoch lieber oder der Donnerstag?"*

Geschlossene Fragen eignen sich gut, wenn es darum geht, Übereinstimmung herzustellen. *„Können Sie das so nachvollziehen?"* oder *„Sind Sie damit einverstanden, dass ich die wichtigsten Punkte notiere?"* sind typische geschlossene Fragen, die Sie im Elterngespräch vielleicht einsetzen. Speziell zum Ende eines Gesprächs oder wenn ein Punkt abgehandelt wurde und Sie zum nächsten übergehen, sind geschlossene Fragen deshalb eine gute Wahl. Auch wenn nur begrenzte Optionen zur Verfügung stehen, stellen Sie am besten eine geschlossene Frage. *„Möchtest du Gitarre spielen lernen oder Klavier?"*, macht deutlich, dass die Orgel nicht zur Debatte steht. Wäre die Frage offen gestellt (*„Welches Instrument möchtest du gern spielen?"*), so würde das immer mit der Möglichkeit einhergehen, dass eine nicht vorgesehene Antwort gegeben wird.

Wer fragt, sollte wissen, was mit der Antwort geschieht

„Was wünschen Sie sich von mir als Lehrerin?" könnte zu einer Vielzahl von Antworten führen und damit zu vielen unterschiedlichen Wünschen, die fast zwangsläufig unerfüllt bleiben müssten. Das führt aber zu Enttäuschung. Klüger und realistischer wären daher geschlossene Fragen, wie *„Sind Sie mit unserer Elternarbeit zufrieden?"* oder *„Wünschen Sie sich mehr Informationen über a, b oder c?"* Geschlossene Fragen können ein Gespräch kurz halten oder eine Diskussion auf den Punkt bringen (*„Wir haben jetzt lange überlegt, welche Alternativen wir haben. Bitte entscheiden Sie sich jetzt für eine Möglichkeit – möchten Sie sich weiter mit Option A beschäftigen oder mit Option B?"*).

Auch rhetorische Fragen (*„Wünschen Sie sich nicht auch das Beste für Ihr Kind?"*) und Suggestivfragen (*„Sie sind sicher einverstanden, wenn ...?"*) lassen keine eigenen Antworten zu und stellen eher eine rhetorische Technik als eine ernst gemeinte Frage dar. Auf diese Weise legen Sie Ihrem Gesprächspartner etwas in den Mund, darauf reagieren viele Menschen zu Recht genervt und misstrauisch.

Geschlossene Fragen eignen sich, um ...
- → Übereinstimmung herzustellen,
- → Punkte abzuschließen,
- → zwischen Optionen zu entscheiden,
- → die Diskussion auf den Punkt zu bringen.

2. Offene Fragen

Offene Fragen sind Ihnen schon an anderer Stelle in diesem Buch begegnet. Sie lassen im Gegensatz zu den geschlossenen eine Vielzahl von Antworten zu. Sie geben dem Befragten keine eindeutige Richtung vor, sondern laden ein zum Selbstdenken, zum Eigene-Meinung-Mitteilen oder Ideen-Spinnen. Für das Elterngespräch sind sie daher immer dann geeignet, wenn Sie die Eigenverantwortung der Eltern ansprechen bzw. sie „mit ins Boot holen" möchten.

Offene Fragen werden auch „W-Fragen" genannt, weil sie oft mit einem W-Fragewort beginnen: Was? Wie? Wann? Womit? Wodurch?

Mit offenen Fragen laden Sie die Eltern auch dazu ein, von sich zu berichten. Auf diese Weise lassen sich Informationen sammeln und neue Fakten in Erfahrung bringen. Oft helfen offene Fragen, um die Hintergründe für ein bestimmtes Verhalten oder eine Entwicklung besser zu verstehen. Sie bewahren uns auch davor, mit eigenen, vorgefassten Meinungen in ein Gespräch zu gehen. Während z. B. eine Frage wie *„Haben Sie sich gefreut, als ...?"* eine eindeutige Erwartungshaltung vorgibt, lässt die offene Frage *„Wie haben Sie sich gefühlt, als ...?"* das Ergebnis offen. Beachten Sie, dass offene Fragen in der Regel zu einer längeren Antwort führen. Sie benötigen also ausreichend Zeit und die Bereitschaft zum Zuhören, wenn Sie diese Fragen stellen.

Offene Fragen eignen sich, um ...
- → zum Denken anzuregen,
- → Informationen zu sammeln,
- → Hintergründe zu verstehen,
- → die Aufmerksamkeit in eine Richtung zu lenken (z. B. auf Ressourcen).

Ganz allgemein lässt sich sagen, dass Sie mit einer offenen Frage gut ins Gespräch einsteigen (*„Wie geht es Johanna in der Schule?", „Was erzählt sie denn Zu Hause?"*). Im Elterngespräch setzen Sie offene Fragen unter anderem in Erstgesprächen ein, bei denen Sie die Eltern kennenlernen. Im Beratungs- oder Konfliktgespräch hat die offene Frage ebenfalls ihren Raum (*„Wie sehen Sie die Situation?", „Was müsste geschehen, damit das Problem für Sie gelöst wäre?"*).

In diesem Zusammenhang wird auch ein weiterer Vorteil dieser Fragetechnik deutlich: Offene Fragen bringen den Befragten dazu, sich mit einer Thematik auseinanderzusetzen, statt auf den Rat des „Fachmanns" zu vertrauen. Das führt dazu, dass der Gefragte selbst zu einer Problemlösung findet. Diese selbst erarbeiteten Lösungen sind in der Regel effektiver, als von außen vorgesetzte Ideen. Zum einen, weil sie der Person entsprechen. Zum anderen, weil so das Verantwortungsbewusstsein und die Lösungsfähigkeit aktiviert werden und das Verhältnis auf Augenhöhe gewahrt bleibt.

Beispiele für offene Fragen:

- ➜ *„Was erzählt er denn zu Hause?"*
- ➜ *„Wie geht es ihm in der Klasse?"*
- ➜ *„Wie beurteilen Sie die Situation?"*
- ➜ *„Wo sehen Sie die Ursachen?"*
- ➜ *„Was haben Sie bisher unternommen?"*
- ➜ *„Was könnte Ihnen helfen, das Problem zu lösen?"*
- ➜ *„Wann tritt das Problem meistens auf?"*
- ➜ *„Wann ist das zum ersten Mal passiert?"*
- ➜ *„Was sind die Punkte, die Sie am meisten stören?"*
- ➜ *„Wer leidet am meisten unter der Situation?"*
- ➜ *„Was hat Ihr Kind davon, dass es sich in dieser Weise verhält?"*
- ➜ *„Womit kann ich Ihnen helfen?"*

Richtig eingesetzt, bringen Fragen das Gespräch in Gang oder führen es zu einem Abschluss. Sowohl die offene als auch die geschlossene Frage hat ihren Sinn und ihre Berechtigung im Elterngespräch. Eingesetzt werden geschlossene Fragen eher zum Schluss eines Gesprächs. Sie stellen Verbindlichkeit her und schließen das Gespräch ab. Offene Fragen stellen einen guten Kontakt her, holen Informationen ein und dienen dazu, Hintergründe in Erfahrung zu bringen. Außerdem regen sie zum eigenen Nachdenken an, ohne gleich eine Richtung für die gewünschte Antwort vorzugeben. Sie werden daher eher am Beginn eines Gesprächs gestellt.

Ihr Joker: die „Wunderfrage"

In festgefahrenen Situationen oder wenn Sie den Eindruck haben, die Eltern würden angesichts eines Problems „den Wald vor lauter Bäumen nicht sehen", hilft vielleicht die Wunderfrage: *„Stellen Sie sich vor, über Nacht würde ein Wunder geschehen und das Problem wäre gelöst. Woran würden Sie das als Erstes bemerken?"* Die Verlagerung aufs „Wunderbare" hilft Ihnen und den Eltern, eine freie und fantasievolle Sicht auf die aktuelle, belastende Situation einzunehmen. Das Problem wird dadurch auf spielerische Weise als weniger erdrückend und aussichtslos wahrgenommen. Die Ideen und Antworten enthalten oft gute Hinweise auf mögliche Lösungen und motivierten zum Weiterdenken, weil plötzlich klar wird, dass ein Leben ohne das erdrückende Problem möglich ist.

Mögliche Formulierungen für die „Wunderfrage":

- ➜ *„Stellen Sie sich vor, Sie hätten einen Zauberstab – was würden Sie ändern?"*
- ➜ *„Nehmen wir an, eine gute Fee würde Ihr Problem beseitigen. Was wäre am nächsten Tag/Morgen anders in Ihrer Familie?"*

Den eigenen Standpunkt selbstbewusst und gelassen vertreten

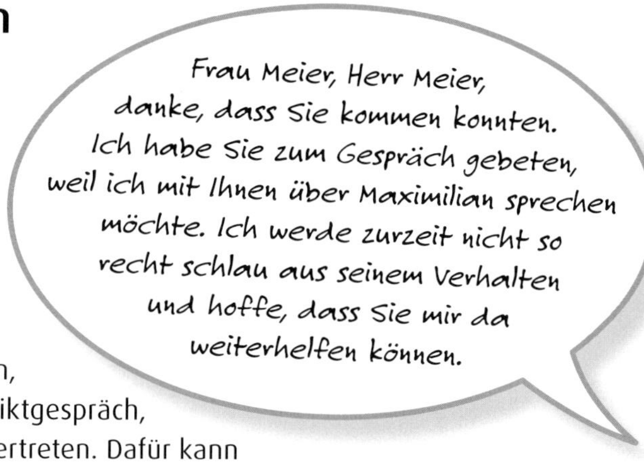

Ein Gespräch besteht immer aus mehreren Phasen, die einander abwechseln und einander bedingen. Je nach Gesprächsanlass können sie unterschiedlich gewichtet sein. Während im Anmelde- und Entwicklungsgespräch das Zuhören und Nachfragen großen Raum einnehmen, gehört es zum Beratungs- oder Konfliktgespräch, dass Sie Ihren eigenen Standpunkt vertreten. Dafür kann es verschiedene Anlässe geben: Im Elterngespräch beim Sprechtag informieren Sie über Leistungs- und Entwicklungsstand. Im Beratungsgespräch möchten Sie den Eltern einen fachlichen Rat geben bzw. wurden von ihnen darum gebeten. Oder Sie wollen die Entwicklung eines Kinders ansprechen, die Ihnen Sorgen bereitet, bzw. beobachten bei den Eltern ein Verhalten, das aus verschiedenen Gründen für Sie nicht akzeptabel ist, und wollen das nun zum Thema machen.

Als schwierig empfinden es viele Kollegen, wenn sie den Eltern Sachverhalte mitzuteilen haben, die bei diesen voraussichtlich auf Widerstand stoßen werden. Das ist durchaus verständlich. Niemand lässt sich gern belehren oder hört, dass sein Verhalten sich ändern sollte. Auch Mitteilungen über Schwierigkeiten des Kindes, gleich welcher Art, sind für Eltern nicht erfreulich. Viele fühlen sich davon sogar persönlich angegriffen und reagieren entsprechend abwehrend. Grundsätzlich lässt sich beobachten, dass ein vertrauensvolles und offenes Verhältnis zwischen Grundschule und Elternhaus solche Situationen bereits beträchtlich vereinfacht.

Wenn schwierige oder unerfreuliche Sachverhalte auf der Tagesordnung stehen, achten Sie darauf, Unterstellungen, Vorwürfe und Beschuldigungen zu unterlassen. Aus Angst vor der Konfrontation greifen wir aber leicht zu diesem „Kunstgriff" und schieben dem Gegenüber die Verantwortung für eine bestimmte Situation zu.

- → *„Sie melden Ihre Arbeiten immer zu spät an"*, wirft der Koordinator einem Kollegen vor.
- → *„Du könntest den Kunstraum mit deiner 3. Klasse auch mal sauber hinterlassen, immer ist das hier so ein Saustall"*, beschwert sich eine Lehrerin bei ihrer Kollegin.
- → *„Wenn Sie Maximilian Kuchen als Pausenfrühstück mitgeben, verdirbt er sich noch ganz die Zähne"*, sagt die Lehrerin zur Mutter.

Jede dieser Aussagen stellt den anderen als „Täter" dar und wirkt abwertend oder anklagend. Darauf reagieren die meisten Menschen mit Abstreiten, Verteidigung oder sogar mit einem Gegenangriff:

- *„Ich kann nichts dafür, ich muss mich immer mit den anderen Fachlehrern absprechen."* (Verteidigung)
- *„Jetzt reg dich doch nicht gleich wieder auf, du gehst aber schon wieder wegen einer Kleinigkeit in die Luft."* (Gegenangriff)
- *„Das war nur gestern, sonst kriegt er eigentlich immer nur Obst."* (Leugnen)

Aussagen, die den anderen ins Zentrum rücken, beginnen oft mit einem „Du" (bzw. „Sie") und heißen deshalb „Du-Botschaften". Sie rufen schnell Abwehr hervor und sind nicht geeignet, um konstruktiv miteinander zu sprechen. Gekoppelt sind die Du-Botschaften oft mit Verallgemeinerungen (immer, nie, auch mal, schon wieder).

Du-Botschaften sind kontraproduktiv, wenn es darum geht, Konflikte zu lösen. Statt Einsicht produzieren sie schnell Widerstand, Abwehr oder Gegenangriffe.

Ich-Botschaften formulieren

Wie lassen sich also schwierige Sachverhalte ansprechen, ohne den anderen anzugreifen? Schließlich treten immer wieder Situationen auf, in denen es genau darum geht und Sie Ihren Standpunkt bei den Eltern klar vertreten müssen. Auch im Kollegium bleibt das nicht aus. Vielleicht wenn es um pädagogische Fragen geht und Sie eine andere Meinung haben als ein Kollege. Oder wenn Sie sich über das Verhalten einer Kollegin ärgern und möchten, dass sich daran etwas ändert.

Hilfreicher als Du-Botschaften sind nach Ansicht von Kommunikationsexperten, wie Thomas Gordon, die Ich-Botschaften[7]. Auch die Ich-Botschaften benennen ein Problem ganz deutlich. Statt beim Gegenüber setzen sie jedoch beim Sprecher selbst an. Wer aus der Ich-Perspektive spricht, greift sein Gegenüber nicht an, sondern schildert die Sachlage aus der eigenen Sicht. Im übertragenen Sinn übernimmt er damit die Verantwortung für ein Problem, statt sie dem anderen zuzuschieben.

[7] *vgl. Thomas Gordon: Familienkonferenzen. München, 2012.*

Die dreiteilige Ich-Botschaft

Statt Mutter oder Vater anzugreifen, argumentieren Sie mit Ich-Botschaften respektvoll und auf Augenhöhe. Beispielsweise so:

„Ich mache mir Sorgen um Kevin. Mir fällt auf, dass er morgens den Einstieg in den Tag verpasst, wenn er zu spät kommt. Außerdem haben wir oft schon mit der Arbeit angefangen und er sitzt dann daneben und muss zusehen, bis ich ihm eine Aufgabe geben kann. Bitte bringen Sie ihn doch in Zukunft bis 7:30 Uhr in die Schule. Dann könnte er mit allen anderen anfangen. Das wäre für Kevin eine große Hilfe."

Bleibt der (empfundene) Angriff aus, so hat der Gesprächspartner die Möglichkeit, sachlich zu reagieren, und kann gegebenenfalls eigenes Fehlverhalten ohne Gesichtsverlust eingestehen. Nach Thomas Gordon kann eine solche Ich-Botschaft sich aus drei Elementen zusammensetzen:

1. **Beschreiben der Sachlage**
   Die Situation bzw. das störende Verhalten wird aus der eigenen Sicht konkret und ohne Vorwurf beschrieben. Benutzen Sie dabei Formulierungen wie *„Mir fällt auf ...", „Ich habe den Eindruck ...", „Kann es sein, dass ..."* und verstecken Sie Ihre Beobachtungen nicht hinter unpersönlichen Formulierungen, wie „alle", „man", „jeder", „es ist offensichtlich, dass ..." o. Ä. Damit machen Sie deutlich, dass Sie keine absoluten Wahrheiten, sondern Ihren persönlichen Standpunkt vertreten. Wichtig ist die konkrete Beschreibung. Verzichten Sie auf Verallgemeinerungen, wie „immer", „nie", „typisch", „wieder" etc. Bleiben Sie stattdessen konkret und beziehen sich auf aktuelle Vorkommnisse.

2. **Auswirkungen schildern**
   Sagen Sie konkret, welche Folgen die Situation für Sie bzw. für das Kind hat. Treten z. B. Schwierigkeiten mit anderen auf? Kann es schwer zur Ruhe kommen? Oder, auf Sie bezogen, haben Sie zusätzliche Arbeit? Was passiert mit Ihnen durch die Situation?

3. **Eigene Gefühle ausdrücken**
   Beschreiben Sie, welche Gefühle die Situation bei Ihnen auslöst. Sind Sie verärgert, ratlos, wütend, besorgt? Fühlen Sie sich hilflos, ausgeliefert, überrascht, sprachlos? (Nicht immer müssen alle drei Elemente ausgesprochen werden, so unterbleibt in der beruflichen Praxis oft der dritte Schritt.)

Beispiele für Ich- bzw. Du-Botschaften:

→ **Du-Botschaft:** *„Du hättest wenigstens anrufen können, wenn du dich verspätest!"*
Ich-Botschaft: *„Ich habe mir Sorgen gemacht, weil du nicht zum abgemachten Zeitpunkt gekommen bist. Bitte ruf nächstes Mal an, damit ich Bescheid weiß."*

→ **Du-Botschaft:** *„Du könntest den Kunstraum mit deiner 3. Klasse auch mal sauber hinterlassen, immer ist das hier so ein Saustall."*
Ich-Botschaft: *„Ich habe den Kunstraum in den letzten beiden Wochen 3-mal unaufgeräumt vorgefunden. Dann kann ich darin nicht arbeiten und muss erst für Ordnung sorgen. Das ärgert mich."*

→ **Du-Botschaft:** *„Wenn Sie Maximilian immer so süße Sachen mitgeben, verdirbt er sich noch ganz die Zähne."*
Ich-Botschaft: *„Mir ist aufgefallen, dass Maximilian in dieser Woche jeden Tag Kuchen mitgebracht hat. Ich mache mir Sorgen, weil das schlecht für seine Zähne ist."*

In fünf Schritten zum Ziel: Gesprächsablauf planen

Gesprächstechniken, wie Fragetechniken, Zuhören und Ich-Botschaften, und das Wissen darüber, wie Kommunikation im Gespräch funktioniert, können Ihnen helfen, Elterngespräche erfolgreich zu führen. Im Folgenden ist ein typischer Gesprächsablauf skizziert, in dem deutlich wird, an welcher Stelle die Gesprächstechniken gut eingesetzt werden können.

SCHRITT 1 | Begrüßung

Zu Beginn des Gesprächs kümmern Sie sich um die Beziehungsebene. Dazu gehört, auch im Vorfeld für einen angenehmen, störungsfreien Raum zu sorgen, genug Zeit zu haben und selbst gut vorbereitet zu sein. Mit der freundlichen Begrüßung stellen Sie einen guten Kontakt zu Mutter und/oder Vater her, z. B. *„Ich freue mich, dass Sie Zeit für unser Gespräch gefunden haben"* oder *„Herzlich willkommen, schön, dass Sie heute beide kommen konnten"*. Wenn Sie ein **Gesprächsprotokoll** führen, informieren Sie bitte die Eltern jetzt darüber *(„Es ist üblich, dass wir bei Beratungsgesprächen ein Protokoll führen. Ich notiere also während unseres Gesprächs kurz die wichtigsten Vereinbarungen. Eine Kopie gebe ich Ihnen natürlich mit.“)*.

SCHRITT 2 | Eigener Standpunkt

Wenn Sie zu einem Beratungsgespräch eingeladen haben, beginnen Sie jetzt mit Ihrem eigenen Standpunkt (bei anderen Gesprächen, z. B. beim Elternsprechtag oder einem Entwicklungsgespräch, tauschen Sie Schritt 2 und 3 aus). Falls notwendig, begründen Sie Ihren Gesprächswunsch *(„Ich mache mir Sorgen/Gedanken, weil ...“)* und teilen Sie den Eltern mit, welches Ziel das Gespräch aus Ihrer Sicht hat. Setzen Sie an dieser Stelle vorwiegend **Ich-Botschaften** ein, um Ihren Standpunkt darzustellen *(„Ich habe Sie heute eingeladen, um mit Ihnen ...“)*. Seien Sie konkret, beschreiben Sie die Situation und die Auswirkungen auf Sie persönlich.

SCHRITT 3 | Standpunkt des anderen

Nun ist es Zeit, auch den Standpunkt des Gesprächspartners einzuholen. Dazu eignen sich am besten **offene Fragen** *(„Wie stellt sich die Situation für Sie dar?“)* und **Aktives Zuhören** *(„Was ich verstehe, ist ...“)*. Versuchen Sie, Ihr Gegenüber zu verstehen, und signalisieren Sie deutlich Ihr Interesse und die Wertschätzung für den Standpunkt des anderen – auch wenn sich dieser nicht immer mit Ihrer eigenen Meinung deckt! Fragen Sie nach, wenn Ihnen nicht alles deutlich ist, und geben Sie dem anderen ausreichend Raum, eigene Ideen zu entwickeln.

SCHRITT 4 | Dialog

Aus den Schritten 2 und 3 entwickelt sich ein Dialog, in dem es darum geht, zu Vereinbarungen zu kommen und gegebenenfalls Lösungen eines Problems zu erarbeiten. In dieser Phase müssen Sie sowohl den **eigenen Standpunkt vertreten** (Ich-Botschaften) als auch **auf** die **Bedürfnisse Ihres Gesprächspartners eingehen**. Dabei ist es sinnvoll, immer wieder Zwischenergebnisse zusammenzufassen. Holen Sie die Erlaubnis des Gegenübers ein, wenn Sie etwas vorschlagen *(„Ist es Ihnen recht, wenn ...“)* und bringen Sie eigene Ideen respektvoll ein *(„Ich würde mich freuen, wenn ...“)*. Betonen Sie die Verantwortung der Eltern für ihr Kind und für die angestrebte Lösung *(„Ich möchte Sie zu nichts überreden ...“, „Es ist Ihre Entscheidung, ob ...“)*. Notieren Sie die wichtigsten Vereinbarungen bzw. Stationen des Gesprächs stichwortartig im Protokoll. Weisen Sie darauf hin, wenn Sie dafür Zeit benötigen *(„Das halte ich kurz im Protokoll fest.“)*.

SCHRITT 5 | Vereinbarung und Abschluss

Das Gespräch endet mit einer Vereinbarung bzw. dem **Festhalten des Ergebnisses** oder dem **Ausblick auf die Zukunft**. Nun ist auch die Zeit, ein Gesprächsprotokoll gegenzeichnen zu lassen. Zum Schluss bedanken Sie sich bei den Eltern für ihre Zeit und Gesprächsbereitschaft und sorgen damit für den positiven und eindeutigen Abschluss des Gespräches. Vergessen Sie bitte nicht, für die Eltern noch eine Kopie des Gesprächsprotokolls anzufertigen.

Gesprächshelfer, die das Elterngespräch in Gang bringen

Wer die Techniken der Gesprächsführung beherrscht und immer wieder zielgerichtet einsetzt, verfügt damit über gutes Handwerkszeug, um auch schwierige Gesprächssituationen zu meistern. Die folgenden Gesprächshelfer unterstützen Sie ebenfalls dabei, konstruktive und erfolgreiche Gespräche zu führen:

Was?	Hilfreiche Handlungen/Formulierungen
Aufmerksamkeit zeigen	⇨ *Blickkontakt* ⇨ *nicken und lächeln* ⇨ *„aha", „mmhh"," ja?", „Und dann?"*
Loben	⇨ *„Ich finde es toll, dass Sie von sich aus auf mich zukommen."* ⇨ *„Sie haben schon viel erreicht."* ⇨ *„Karim ist ein sehr höfliches und rücksichtsvolles Kind."*
Verständnis ausdrücken	⇨ *„Ich verstehe."* ⇨ *„Ich kann mir vorstellen, wie …"*
Namentliche Ansprache	⇨ *„Herzlich willkommen, Frau Klein."*
„Türöffner" benutzen	⇨ *„Möchten Sie darüber sprechen?"*
Nachfragen, um zu verstehen	⇨ *„Wie meinen Sie das genau?"* ⇨ *„Was verstehen Sie unter …?"* ⇨ *„Beschreiben Sie das bitte noch einmal ganz konkret."*
Offene Fragen zeigen Interesse	⇨ *„Was wünschen Sie sich von uns?"* ⇨ *„Wie schätzen Sie die Situation ein?"*

Zielorientiert fragen	⇨ *„Was könnte Julian helfen ...?"* ⇨ *„Was würde sich ändern, wenn das Problem gelöst wäre?"* ⇨ *„Was können Sie tun, um ...?"*
Wichtige Aussagen wiederholen	⇨ *„Sie sind der Meinung, dass Marie zu wenig gefördert wird?"* ⇨ *„Sie sind mit der Benotung so nicht einverstanden, richtig?"*
Zusammenfassen, was gesagt wurde	⇨ *„Sie haben mir jetzt ganz genau geschildert, was Sie ..."*
Auf den Punkt bringen, was der andere meint	⇨ *„Verstehe ich Sie richtig, dass Sie meinen ...?"* ⇨ *„Wollen Sie damit sagen, dass ...?"* ⇨ *„Wenn ich Sie richtig verstehe, erwarten Sie ..."*
Wünsche heraushören	⇨ *„Ihnen kommt es also in erster Linie darauf an, dass ...?"* ⇨ *„Ihnen ist besonders wichtig, dass ...?"*
Gefühle ansprechen	⇨ *„Ich bin jetzt doch ganz schön erschrocken."* ⇨ *„Es fällt Ihnen sicher nicht leicht, darüber zu sprechen."* ⇨ *„Sie sind enttäuscht?"*
Ich-Botschaften senden	⇨ *„Ich mache mir Sorgen um Julian."* ⇨ *„Ich beobachte, dass ..."* ⇨ *„Ich kann nicht pünktlich Feierabend machen, wenn ..."*
Positiv formulieren	⇨ *„gerne", „ja", „schön", „gut", „sicher", „natürlich"*
Verbindlich sein	⇨ *„Ich melde mich am Mittwoch deswegen bei Ihnen."* ⇨ *„Ich kümmere mich jetzt sofort darum."*

Gesprächskiller kennen und vermeiden

Auch wenn es mit den besten Absichten geschieht – einige Reaktionen sind echte „Gesprächskiller" und bringen eine vertrauensvolle Unterhaltung schnell zum Erliegen. Besonders dann, wenn es Ihnen darum geht, die Eltern in ihrer Erziehungskompetenz zu stärken und mit ihnen die Ressourcen zu finden, sollten Sie daher die folgenden Formulierungen möglichst vermeiden. Achtung – einige davon, wie das Beschwichtigen, Herunterspielen oder Trösten, setzen wir in schwierigen Situationen besonders gern ein.

Was?	Kontraproduktive Formulierungen
Vorwürfe und Vorhaltungen	⇨ *„Warum haben Sie denn nicht ...?"* ⇨ *„Sie sollten lieber ..."* ⇨ *„Sie reagieren schnell gereizt und dann ..."*

Bewerten, Einschätzung der Eltern anzweifeln	⇨ *„Da täuschen Sie sich."* ⇨ *„So kommen Sie nicht weiter."* ⇨ *„Ihr Kind hat ADHS."* ⇨ *„Kinder müssen eben …"* ⇨ *„Das kann eigentlich gar nicht sein."*
Herunterspielen, beschwichtigen, trösten	⇨ *„Das ist doch nicht so schlimm."* ⇨ *„Das erleben alle Eltern."* ⇨ *„Das wird schon wieder."* ⇨ *„Dafür ist er ein ganz liebes Kind."*
Gute Ratschläge	⇨ *„Sie sollten nicht immer so ungeduldig mit ihm sein."* ⇨ *„Es wäre besser, wenn Sie …"* ⇨ *„Warum versuchen Sie nicht einmal …"* ⇨ *„Bei meiner Tochter habe ich dann immer …"*
Unterstellungen	⇨ *„Sie reagieren jetzt so gereizt, weil …"* ⇨ *„Ihnen kommt es doch nur darauf an, zu …"*
Ausfragen	⇨ *„Was hat Sie denn auf die Idee gebracht?"*
Belehren	⇨ *„Das habe ich Ihnen doch schon einmal erklärt."* ⇨ *„Wissen Sie denn nicht, dass …?"* ⇨ *„Ihnen sollte schon klar sein, dass …"*
Befehlen	⇨ *„Jetzt beruhigen Sie sich mal."* ⇨ *„Sie müssen nur … "*
Drohen	⇨ *„Wenn Sie nicht Vernunft annehmen, dann …"* ⇨ *„Das würde ich mir an Ihrer Stelle gut überlegen."* ⇨ *„Wenn Sie jetzt nichts unternehmen, wird es Ihnen später leidtun."*
Gegenangriff	⇨ *„Daran sind Sie aber auch selbst schuld."* ⇨ *„Sie hätten ja auch schon früher etwas sagen können."* ⇨ *„Ausgerechnet von Ihnen muss ich mir das nicht sagen lassen."*
Killerphrasen	⇨ *„Das geht nicht."* ⇨ *„Das haben wir schon immer so gehandhabt."* ⇨ *„Da sind mir leider die Hände gebunden."* ⇨ *„Das kann ich doch nicht wissen."*
Reizwörter	⇨ *Vermeiden Sie diese Reizwörter, wenn Sie über Schüler reden: lügen, ausrasten, Problem, schwierig, stören, aber, trotzdem, nur …*
Weichmacher	⇨ *Vermeiden Sie diese Weichmacher, die Ihren Worten die Durchsetzungskraft rauben: irgendwie, vielleicht, eigentlich, könnte, würde, eventuell …*

KAPITEL 4

Wichtige Gesprächsanlässe in der Grundschule

Checkliste und Kurzprotokoll zum Elterngespräch

Elterngespräche finden in der Grundschule regelmäßig statt. In der Regel sind gerade die Eltern jüngerer Kinder besonders interessiert an einem Austausch mit den Lehrkräften und offen für Anregungen, Unterstützung und Informationen. Neben den geplanten Termingesprächen finden mit einigen Eltern auch immer wieder informelle Gespräche „zwischen Tür und Angel" statt, während Sie andere Mütter und Väter vielleicht noch nie persönlich getroffen haben. Ob Lernentwicklungsgespräch, Beratungsgespräch oder Konfliktgespräch, jeglicher Kontakt zwischen Schule und Elternhaus sollte von gegenseitigem Respekt und dem Interesse, zum Besten des Kindes miteinander zu kooperieren, geprägt sein. Als Gastgeber und Dienstleister ist es die Aufgabe der Grundschule, alle Elterngespräche durch gute Vorbereitung, professionelle Methoden und vor allem durch eine empathische und wertschätzende Haltung erfolgreich zu gestalten.

Auf den folgenden Seiten finden Sie Anregungen für die Vorbereitung und Durchführung der häufigsten Gespräche in der Grundschule:

- ➜ Erstes Elterngespräch nach der Einschulung
- ➜ Beratungsgespräch allgemein
- ➜ Beratungsgespräch zu besonderen Anlässen
- ➜ Beratungsgespräch Übergang zur weiterführenden Schule
- ➜ Gespräch beim Elternsprechtag
- ➜ Tür-und-Angel-Gespräch
- ➜ Konfliktgespräch
- ➜ Helferkonferenz

Kopiervorlagen für die **Gesprächsvorbereitung** und einen **Protokollbogen** finden Sie auf den nächsten Seiten. Kopieren Sie diese ggf. größer.

CHECKLISTE | Elterngespräche vorbereiten

<table>
<tr><td colspan="2">Datum:</td><td>Name des Kindes/Klassenstufe:</td></tr>
<tr><td colspan="2">Anlass des Gesprächs:</td><td rowspan="2">Teilnehmer:</td></tr>
<tr><td>Beginn:</td><td>Ende:</td></tr>
</table>

⇨ **Was will ich mit dem Gespräch erreichen? Was sind meine Ziele?**

____

____

⇨ **Welche Themen will ich ansprechen?**

____

____

⇨ **Welche Argumente und Fakten habe ich?**
In welcher Reihenfolge will ich sie ansprechen?

____

____

⇨ **Welche Fragen habe ich? Was will ich von den Eltern erfahren?**

____

____

⇨ **Welche Anliegen haben die Eltern vermutlich? Gibt es eine Vorgeschichte?**

____

____

⇨ **Mit welchen Schwierigkeiten oder Widerständen rechne ich?**

⇨ **Welche konkreten Anliegen, Wünsche, Forderungen an die Eltern habe ich?**

⇨ **Welche Arbeiten des Kindes oder weitere Materialien** (Notizen, Dokumentationen, Vergleichslisten mit anderen Kindern der Klasse) **liegen mir vor, die ich den Eltern zeigen möchte?**

⇨ **Mit welcher positiven Beobachtung beginne ich?**

⇨ **Habe ich mich im Kollegium über das Kind und seine Situation ausgetauscht? Wo besteht Übereinstimmung, wo nicht?**

⇨ **Welche konkreten Hilfsangebote/Fördermöglichkeiten/Ansprechpartner möchte ich empfehlen? Liegen die Kontaktdaten vor?**

⇨ **Benötige ich einen Dolmetscher?**

KURZPROTOKOLL | Elterngespräch

Datum:		Name des Kindes/Klassenstufe:
Anlass des Gesprächs:		Teilnehmer:
Beginn:	Ende:	

⇨ Anlass des Gesprächs:

____

____

⇨ Vereinbarungen:

____

____

____

⇨ Verantwortlichkeiten mit Zeitvorgaben:

____

____

____

____

Nächster Gesprächstermin:		
Unterschriften:		
Erziehungsberechtigte	*Schüler/in*	*Lehrkraft*

Erstes Elterngespräch nach der Einschulung

Einige Wochen nach der Einschulung, spätestens jedoch zu Beginn des zweiten Schulhalbjahrs in der 1. Klasse laden viele Grundschulen die Eltern zum ersten Gespräch mit der Klassenlehrkraft ein. Dieses Erstgespräch ist wichtig, auch wenn die Eltern schon bei der Anmeldung über viele organisatorische Fragen informiert wurden. Da zwischen Anmeldung und Einschulung in der Regel ein Zeitraum von rund zehn Monaten vergeht, liegt dieser Austausch jedoch schon lange zurück. Für die Eltern stellt das erste, persönliche Gespräch mit der Klassenlehrkraft eine wichtige Gelegenheit dar, sich über die Punkte zu informieren, die ihnen zu diesem Zeitpunkt besonders am Herzen liegen. Stellen Sie sich darauf ein, dass einige der folgenden Punkte in der Regel angesprochen werden, und bereiten Sie sich entsprechend vor:

1. Arbeitshaltung/Unterricht

- → Arbeitet mein Kind selbstständig oder braucht es viel Unterstützung?
- → Wie ist das Arbeitstempo meines Kindes?
- → Wie konzentriert arbeitet mein Kind?
- → Welche Methoden werden im Unterricht verwendet?
- → Welche Bildungsziele werden in den einzelnen Fächern verfolgt?

2. Soziale Gesichtspunkte

- → Wer ist die Person, mit der mein Kind einen so großen Teil seiner Zeit verbringt? (Kennenlernen des Klassenlehrers)
- → Mit welchen anderen Menschen (Fachlehrer, Honorarkräfte) hat mein Kind zu tun?
- → Wie geht es meinem Kind in der Schule? Fühlt es sich wohl?
- → Welche Regeln gilt es, zu beachten? Gelingt das meinem Kind?

3. Kontakt zu Gleichaltrigen

- → Wie verhält sich mein Kind innerhalb der Klasse?
- → Welche Rolle nimmt es tendenziell ein (Mitläufer, Anführer, Klassenclown)?
- → Wie ist das Sozialverhalten meines Kindes?

4. Kontakt Elternhaus/Schule

- → Welche Erwartungen haben die Lehrer an die Eltern?
- → Wie gestaltet sich der Austausch/Umgang zwischen Schule und Elternhaus?

Einige der Punkte, die Eltern eines neu eingeschulten Kindes interessieren, wie Bildungsziele, Tagesablauf, anstehende Aktivitäten etc., gehören sicher eher in einen Elternabend, weil sie alle Familien gleichermaßen betreffen. Solche Fragen müssen nicht unbedingt im individuellen Elterngespräch besprochen werden. Zögern Sie daher nicht, den Eltern zu erklären, dass ihre kostbare Besprechungszeit besser für solche Inhalte verwendet werden sollte, die das einzelne Kind konkret betreffen.

Auch für Sie als Lehrkraft stellt dieses Treffen eine unverzichtbare Gelegenheit dar, mit den Eltern ins Gespräch zu kommen. Die Eltern haben als „Experten fürs Kind" naturgemäß einen ganz anderen Einblick in die Entwicklung ihres Kindes. Im Gespräch schildern sie z. B., wie sie selbst ihr Kind erleben, wo sie seine Stärken sehen und wo sie mögliche Schwierigkeiten vermuten. Auch die Erziehungsziele der Eltern, die Frage nach einer für die Bildung förderlichen Atmosphäre zu Hause, besondere Wünsche in Hinblick auf die Erziehung/Behandlung des Kindes (z. B. in Hinblick auf religiöse oder kulturelle Traditionen) können bei diesem Gespräch abgefragt werden.

Neben Ihrem Bericht über Ihre Eindrücke und den Informationen, die von den Eltern eingebracht werden, gehört auch der Austausch darüber, wie Sie gemeinsam mit den Eltern die Entwicklung fördern können, zum Gespräch. Das kann sich etwa auf die Förderung von individuellen Begabungen, das Kompensieren von Problemen oder die Förderung der Persönlichkeitsentwicklung beziehen. Auch lassen sich schon jetzt Absprachen darüber treffen, ob und in welcher Form Eltern bei den Hausaufgaben eingebunden werden oder wie Prüfungen vorbereitet werden können.

Begreifen Sie dieses erste Elterngespräch als Möglichkeit zum gegenseitigen Kennenlernen und als Auftakt einer Bekanntschaft zum Wohle jedes einzelnen Kindes. Denken Sie daran: Gesprächskultur kann nicht verordnet werden. Sie kann nur wachsen. Das gelingt am besten, wenn sich Gesprächspartner regelmäßig austauschen, ohne dass der Druck eines Problems auf dem Gespräch lastet.

Vorbereitung und Gesprächsablauf

Bereiten Sie sich gut auf das erste Gespräch mit den Eltern vor. Ideal ist es, wenn Sie bereits die ein oder andere Arbeitsprobe des Kindes oder aktuelle Unterrichtsmaterialien, wie Arbeitsblätter etc., heranziehen. Damit vermitteln Sie den Eltern greifbar, womit sich ihre Kinder beschäftigen, und können am praktischen Beispiel zeigen, was es zu beachten gilt.

Damit auch die Eltern ihre Beobachtungen einbringen können, können Sie im Vorfeld darum bitten, dass ein Beobachtungsbogen ausgefüllt wird, den die Mutter und/oder der Vater dann mitbringen. So erweitern Sie nicht allein Ihr Bild vom Kind und seiner sozialen Entwicklung. Sie binden die Eltern auch aktiv ein und zeigen damit Respekt und Interesse für ihre Einschätzung.

So könnte das Elterngespräch ablaufen:

- ➜ freundliche Begrüßung durch die Lehrkraft
- ➜ kurze Information über den Zeitrahmen (ca. 30 Minuten) und die Schwerpunkte des Gesprächs
- ➜ Beginnen Sie mit einer positiven Beobachtung über das Kind (vorher notieren!). Dabei sollten Sie möglichst konkret sein. Statt *„Alicia ist ein besonders höfliches Kind"* besser: *„Alicia hat mich heute Morgen wieder mit einem strahlenden Lächeln begrüßt. Das macht sie fast jeden Morgen, damit beginnt für mich der Tag immer so richtig schön."*
- ➜ Alle Beteiligten berichten anhand des Vorbereitungsbogens (S. 99/100) über ihre Wahrnehmungen, Erfahrungen, Wünsche und Ziele. Wenn nichts dagegen spricht, sollten die Eltern beginnen. Danach schildert die Lehrkraft ihre Eindrücke.
- ➜ In einigen Fällen werden schon jetzt Vereinbarungen getroffen, z. B. über Fördermaßnahmen. Halten Sie diese Vereinbarungen schriftlich in einem Kurzprotokoll (S. 95) oder auf dem Vorbereitungsbogen (S. 100) fest (Erlaubnis der Eltern einholen), der von den Beteiligten unterzeichnet wird. Die Eltern erhalten selbstverständlich eine Kopie dieses Protokolls.
- ➜ Zum Abschluss bedankt sich die Lehrkraft für die Bereitschaft zum Gespräch und die Zeit, welche die Eltern investiert haben. Als Ausblick wird auf den nächsten anstehenden Termin (Elternabend, Sprechtag) verwiesen. Eine freundliche Verabschiedung (Eltern zur Tür begleiten!) beendet das Gespräch.

VORBEREITUNGSBOGEN | für Eltern und Sorgeberechtigte

Name des Kindes:		Teilnehmer:
Datum:	Klasse:	

➪ **Unser Kind zeigt folgende Interessen:**

➪ **Als Stärken unseres Kindes sehen wir:**

➪ **In diesen Bereichen wurde unser Kind im Jahr vor der Einschulung gefördert:**

➪ **Hier wünschen wir uns Unterstützung durch die Schule:**

- ☐ körperliche Entwicklung
- ☐ sprachliche Entwicklung
- ☐ kein besonderer Bedarf
- ☐ soziale/emotionale Entwicklung
- ☐ geistige Entwicklung

➪ **Wir können in diesen Bereichen Unterstützung anbieten:**

➪ **Diese Vereinbarungen haben wir heute getroffen*:**

➪ **Das wollen wir noch festhalten*:**

Datum, Unterschrift Lehrkraft	*Datum, Unterschrift Eltern/Sorgeberechtigte*

*wird beim Gespräch ausgefüllt

VORBEREITUNGSBOGEN | für Lehrkräfte

Name des Kindes:		Teilnehmer:
Datum:	Klasse:	

⇨ **besondere Interessen:**

____

⇨ **Stärken:**

____

⇨ **Entwicklungsstand, ggf. Fördermaßnahmen:**

körperliche Entwicklung ______________________________

sprachliche Entwicklung ______________________________

geistige Entwicklung ______________________________

soziale/emotionale Entwicklung ______________________________

☐ kein besonderer Bedarf ______________________________

⇨ **Unterstützung durch die Eltern kann erfolgen durch*:**

____

⇨ **Vereinbarungen*:**

____

____

⇨ **Das wollen wir noch festhalten*:**

____

____

Datum, Unterschrift Lehrkraft	*Datum, Unterschrift Eltern/Sorgeberechtigte*

* *wird beim Gespräch ausgefüllt*

Beratungsgespräche

Das Beratungsgespräch zwischen Eltern und Lehrkraft ist eine der wichtigsten Gelegenheiten, zu denen Sie und die Eltern „Ihrer" Schüler miteinander reden werden. Da oft eine Problemsituation den Anlass für die Begegnung mit Mutter, Vater oder den Sorgeberechtigten darstellt, ist hierbei eine wertschätzende Kommunikation auf Augenhöhe besonders wichtig. Denken Sie daran, dass diese Situation vermutlich für die Eltern mit großem Stress verbunden ist und sie womöglich aufgeregt in das Gespräch gehen.

Zeitrahmen und Teilnehmer

In der Regel kommt es bedarfsorientiert zum Beratungsgespräch, wenn entweder Eltern Sie um ein Gespräch bitten, weil sie Rat in Erziehungsfragen oder anderen Situationen mit Bezug auf ihr Kind suchen, oder wenn Sie selbst auf die Eltern zugehen, weil Sie Gesprächsbedarf sehen. Je nach Anlass soll das Beratungsgespräch daher auf eine Situation aufmerksam machen, aber auch Ursachen klären, Handlungsoptionen und Ziele sichtbar machen und zu konkreten Vereinbarungen führen. Beratungsgespräche können aufeinander aufbauen – aus diesem Grund ist das Führen eines Protokolls (S. 95) in jedem Fall eine Option, die Sie prüfen sollten. Es versteht sich von selbst, dass Beratungsgespräche grundsätzlich vertraulich sind. Neben Lehrkraft und Eltern (oder Sorgeberechtigten) kann es gelegentlich sinnvoll sein, weitere Gesprächspartner (z. B. Schulsozialarbeiter, Vertrauenslehrer, Therapeuten ...) einzubinden. Das muss aber in jedem Fall im Einvernehmen mit allen Gesprächspartnern geschehen. Besonders wichtig ist es, die vertrauensvolle Atmosphäre eines Beratungsgesprächs nicht zu gefährden – weder durch mangelnde Vorbereitung noch durch unzureichende Ruhe und Zeit oder durch nicht abgesprochene Aktionen.

Als **Zeitrahmen** planen Sie ca. 45 Minuten ein. Länger als eine Stunde sollte das Gespräch auf keinen Fall dauern, damit verhindern Sie auch ein Abschweifen. Was in einer Stunde nicht geklärt wurde, wird auch in zwei oder drei Stunden nicht deutlicher! Im Bedarfsfall setzen Sie lieber einen weiteren Gesprächstermin an.

Richtig einladen zum Beratungsgespräch

> Frau Müller, ich würde mit Ihnen gern über Kevin reden. Hätten Sie nächste Woche Zeit für ein Gespräch?

Wie wird Kevins Mutter wohl auf diese Ansprache reagieren? Wie würden Sie an Ihrer Stelle reagieren? Vermutlich verunsichert – hinter dem unbestimmten „über Kevin reden" kann sich schließlich alles Mögliche verbergen.

Laden Sie zum Gespräch ein, sollten Sie daher besonders auf eine Formulierung achten, die Eltern nicht verunsichert oder die womöglich noch vor Gesprächsbeginn Widerstand provoziert. Doch selbst eine behutsame Ansprache kann Besorgnis auslösen. Ganz lässt sich das nicht verhindern. Sie beugen aber unnötigen Sorgen vor, wenn Sie den Anlass für Ihren Gesprächswunsch direkt benennen – das interessiert die Eltern natürlich am meisten. Gut, wenn Sie persönlich (oder am Telefon) einladen und Ihr Anliegen mit einer positiven Formulierung einleiten: *„Hallo, Frau Müller! Ich würde mit Ihnen gern noch mal über Kevins Fortschritte beim Lesen sprechen. Haben Sie nächste Woche Zeit für ein Gespräch?"*

Auch jetzt wird die Mutter möglicherweise besorgt reagieren (*„Warum, stimmt etwas nicht?"*), abwiegeln (*„Aber er macht doch solche Fortschritte."*) oder ausweichen (*„Das passt mir gerade gar nicht gut."*). Sie erfährt jedoch gleichzeitig, dass die Lehrkraft ihrem Sohn grundsätzlich wohlwollend gegenübersteht. Auf Nachfragen sollte der Lehrer deshalb auch nicht automatisch abwiegeln (*„Ach, nichts Schlimmes!"*), sondern lieber seine eigenen Gefühle und Beobachtungen anführen, ohne gleich ins Detail zu gehen (*„Ich beobachte, dass er sich doch noch schwertut. Deshalb möchte ich gern Ihren Eindruck dazu hören und mit Ihnen gemeinsam überlegen, was wir noch für ihn tun können."*).

Haben die Eltern um einen Gesprächstermin gebeten, erfragen Sie im Vorfeld den konkreten Anlass – nur so können Sie sich gut vorbereiten. Erkundigen Sie sich auch, ob die Eltern bereits eigene Schritte unternommen haben und ob sie mit bestimmten Erwartungen in das Gespräch kommen.

Ablauf und Inhalte

Da der Gesprächsanlass für die Eltern meist mit Verunsicherung verbunden ist – sie machen sich Sorgen um ihr Kind, fühlen sich eventuell selbst infrage gestellt oder leiden unter der Belastung in der Familie – sollten Sie im Gespräch behutsam vorgehen und das gemeinsame Interesse an einer guten Lösung für das Kind betonen.

Ein erfolgreiches Beratungsgespräch wird gelingen, wenn es in einer wertschätzenden, positiven Atmosphäre stattfindet und wenn die Eltern Ihnen vertrauen und sich von Ihnen akzeptiert fühlen. Ihre Aufgabe ist es daher, diese grundsätzliche Haltung durch aktives Tun ins Gespräch einzubringen.

Hier dazu einige Beispiele:
- ➜ ausreichend Zeit (ca. 45 Minuten)
- ➜ angenehmer, störungsfreier Raum
- ➜ wertschätzende Haltung (zugewandte Körpersprache, freundliche Begrüßung, Stärken von Eltern und Kind vergegenwärtigen)
- ➜ Bewusstsein über die eigene Rolle
- ➜ Bewusstsein der eigenen Möglichkeiten und Grenzen
- ➜ Verständnis für das Gegenüber und seine aktuelle Situation
- ➜ Aktiv Zuhören
- ➜ Senden von Ich-Botschaften
- ➜ Nachfragen, um zu verstehen
- ➜ Vermeiden von Kritik und Vorwürfen
- ➜ Betonen der gemeinsamen Verantwortung für das Kind,
- ➜ Leitung und Strukturierung des Gesprächs, indem Sie zusammenfassen, (Zwischen-)Ergebnisse und Vereinbarungen festhalten

Beginnen Sie das Beratungsgespräch nach Möglichkeit positiv, wenn es passt, auch mit einer Beobachtung, die Stärken des Kindes thematisiert (*„Wir wollen heute über Kevins Fortschritte beim Lesen reden. Aber ich muss Ihnen doch erst noch sagen, wie ich mich darüber freue, wie gut sich Kevin in die Klassengemeinschaft einfügt. Mir ist heute Morgen wieder aufgefallen, wie hilfsbereit er ist und wie gut das bei den anderen Kindern ankommt.“*). Danken Sie den Eltern für ihr Erscheinen und ihre Offenheit (*„Ich bin froh, dass Sie sich beide die Zeit für unser Gespräch genommen haben.“*).

Hilfreiche Sätze für den Gesprächseinstieg:

➔ *„Ich freue mich, dass Sie sich Zeit für unser Gespräch nehmen konnten."*

➔ *„Ich kann mir vorstellen, dass Sie sich über meinen Gesprächswunsch wundern."*

Vor Beginn des eigentlichen Gesprächs sollten Sie außerdem den Zeitrahmen klar benennen und auf die Vertraulichkeit des Gesprächs hinweisen. Auch wenn Sie Notizen machen wollen oder ein Protokoll führen, informieren Sie die Eltern. Dann erst beginnen Sie mit dem eigentlichen Beratungsgespräch. Einen möglichen Ablauf zeigt die Auflistung „Mögliche Struktur eines Beratungsgesprächs" (S. 105), zur eigenen Vorbereitung können Sie die „Checkliste Beratungsgespräch für den internen Gebrauch" (S. 106/107) nutzen.

Mögliche Struktur eines Beratungsgesprächs

1. Ankommen, Begrüßen (an der Tür, persönlich).
2. Positiven/neutralen Einstieg finden.
3. Besprechungspunkte bzw. Ablauf des Gesprächs und den Zeitrahmen deutlich machen. Dazu können Sie, falls vorhanden, einen Gesprächsleitfaden, Einschätzungsbogen oder Protokoll als sichtbare Struktur auf den Tisch legen.
4. Klären, worum es genau geht. Dazu schildern zunächst die Eltern ihre Sichtweise, dann die Lehrkraft.
5. Fragen, um in den Dialog zu kommen und um das Problem/die Situation möglichst übereinstimmend zu erfassen (*„Was beobachten Sie zu Hause?“, „Wie meinen Sie das?“*), um zu verstehen (*„Meinen Sie damit, dass ...?“*), um Erlaubnis einzuholen (*„Ist es Ihnen recht, wenn ...“*).
6. Nach Ausnahmen, Ressourcen und bisherigen Lösungsversuchen sowie Ideen für die Zukunft fragen (*„Wann tritt das Problem nicht auf?“, „Wann kann er sich gut konzentrieren?“, „Was macht ihm Freude?“, „Was haben Sie bisher unternommen?“*).
7. Ich-Botschaften einsetzen, um eigene Beobachtungen und Standpunkte zu erläutern. Nicht interpretieren, sondern Verhalten und/oder Auswirkungen sachlich beschreiben.
8. In der Sprache des Gegenübers sprechen, indem einzelne Wörter oder Gesten wiederholt werden, „Aktives Zuhören“ einsetzen.
9. Klar sein, indem wichtige Aussagen wiederholt werden.
10. Zusammenfassen des Gesprächs und der (Zwischen-)Ergebnisse, um Übereinstimmung festzuhalten.
11. Zielvereinbarungen festhalten und gegebenenfalls durch Unterschriften der Gesprächsteilnehmer fixieren.
12. Verbale und nonverbale Sprache im Einklang halten, das Gesagte bewusst durch Gestik und Mimik unterstützen.
13. Zeit zur Überprüfung festlegen (*„Wann sehen wir uns wieder, um ...?“*) – ein Zeitrahmen verpflichtet!
14. Zeit für weitere Fragen einplanen.
15. Positive, neutrale Verabschiedung.

CHECKLISTE | **Beratungsgespräch** *(für den internen Gebrauch)*

<table>
<tr><td colspan="2">Name des Kindes/Alter:</td><td>Termin:</td></tr>
<tr><td colspan="2">Anlass des Gesprächs:</td><td rowspan="2">Teilnehmer:</td></tr>
<tr><td>Beginn:</td><td>Ende:</td></tr>
</table>

⇨ **Was ist der Anlass des Gesprächs?**
z. B. Leistungsprobleme, Verhaltensauffälligkeiten, Probleme in der Familie, Fragen zur Erziehung

____

____

____

⇨ **Welche Ursachen könnte das Problem haben?**
Aus Sicht der Eltern/aus Sicht der Schule, z. B. Veränderungen in Familie, Bezugspersonen, besondere Ereignisse, Zwischenfälle im Leben des Kindes

____

____

____

____

⇨ **Welches Ziel soll erreicht werden?**
Anmerkung: Formulieren Sie Ziele immer positiv. Statt *„Max soll andere Kinder nicht schlagen"* besser *„Max soll bessere Wege finden, mit Wut umzugehen"*.

____

____

____

⇨ **Welche gemeinsamen Lösungen finden wir?**
Anmerkung: Suchen Sie z. B. Ausnahmen von dem störenden Verhalten: *„Wann gelingt es ihm schon, sich zu kontrollieren?"*
Auch hilfreich: Ressourcen der Familie bzw. des Kindes benennen, Erfahrungen abfragen: *„Was haben Sie schon unternommen?"*, *„Womit haben Sie Erfolg gehabt?"*, *„Welche anderen Ideen haben Sie?"*

____

____

____

⇨ **Welche Lösungsidee soll verfolgt werden?**
Anmerkung: dazu Pro und Kontra der Alternativen benennen, auf Abwehr und Widerstand achten, konkret sein

____

____

⇨ **Welche Vereinbarung wird getroffen?**
z. B. Diagnose stellen lassen, Verhalten ändern, weitere Beratung, Einbeziehen weiterer Personen

____

____

⇨ **Wie sieht der Zeitrahmen aus, den wir uns setzen?**

____

____

⇨ **Woran wird der Erfolg erkennbar sein?**

____

____

⇨ **Wie verlief das Gespräch?**
Gab es Schwierigkeiten? Wie war die Gesprächsdynamik?

____

____

____

Beratungsgespräche zu besonderen Themen

Mit einigen Fragestellungen werden Sie als Grundschullehrkraft immer wieder konfrontiert. Bei der Vorbereitung von Gesprächen, die Sie zu diesen typischen Beratungssituationen führen, können Ihnen die Anregungen auf den folgenden Seiten helfen. Es handelt sich um **Arbeitshilfen** für das ...

- ➜ Lernentwicklungsgespräch
- ➜ Gespräch beim Übergang auf die weiterführende Schule

Lernentwicklungsgespräch

Lernentwicklungsgespräche finden 1- bis 2-mal pro Schuljahr statt. Ihr regelmäßiger Charakter und die inhaltliche Ausrichtung als Bestandsaufnahme und Blick in die Zukunft machen sie zu einem wichtigen Termin im Kalender von Lehrkräften und Familien. Die Rückmeldung über Lernstand und überfachliche Kompetenzen ist eine willkommene Ergänzung zu den Zeugnissen. In einigen Schulen ersetzt ein ausführliches Lernentwicklungsgespräch mit entsprechender Dokumentation sogar das Zwischenzeugnis. Positiver Nebeneffekt der Gespräche ist, dass Familien und Schule dabei zu einem regelmäßigen Termin ins Gespräch kommen und dass die Eltern aktiv in den Lernprozess des Kindes einbezogen werden. Auch Kinder nehmen es vielfach als positiv wahr, sich bei den Gesprächen einzubringen. Gemeinsam getroffene Zielvereinbarungen haben einen aktivierenden Charakter und profitieren davon, dass sie im Konsens vereinbart werden. Zudem fördern sie Eigenverantwortlichkeit und die Fähigkeit zur realistischen Selbsteinschätzung.

Solange sich Mädchen und Jungen in der Grundschule „im Rahmen" entwickeln, stellen Lernentwicklungsgespräche keine besondere Hürde dar. Leider ist das nicht immer der Fall. Wenn Sie Lernschwierigkeiten, Lernblockaden, Entwicklungsverzögerungen, Disziplinprobleme oder andere Auffälligkeiten beobachten, werden Sie auch über die eigentlichen Termine hinaus regelmäßige Gespräche mit den Eltern (gegebenenfalls auch zusammen mit dem Kind) führen, um die Lernentwicklung zu bilanzieren und um weitere Absprachen zu treffen.

Das sind Inhalte eines Lernentwicklungsgesprächs:

- Einschätzungen von Kind, Eltern und Lehrkraft über die Lernentwicklung, den Leistungsstand und weitere Kompetenzen, wie Selbstkompetenz, soziale Kompetenz, lernmethodische Kompetenzen
- Einschätzungen der Lehrkraft transparent und nachvollziehbar machen gegebenenfalls Lösungsansätze bei Problemen, Förderbedarf und weitere Unterstützung vereinbaren
- ein bis drei gemeinsame Ziele für die unmittelbare Zukunft nachvollziehbar und verbindlich vereinbaren (mehr als zwei bis drei Ziele sind erfahrungsgemäß zu viele und führen eher dazu, dass gar keine Vereinbarung eingehalten wird)
- offen Fragen klären

Zeitrahmen und Teilnehmer

Ob neben den Eltern und der Lehrkraft auch die Kinder an den Lernentwicklungsgesprächen teilnehmen, ist von Schule zu Schule unterschiedlich geregelt.

Sinnvoll ist eine Teilnahme des Kindes immer dann, wenn ...

- durch positive Entwicklungen ein Feedback bzw. eine Bestärkung entsteht bzw. das Kind gestärkt wird,
- der Standpunkt des Kindes gefragt ist oder
- es um konkrete Absprachen geht, die das Kind umsetzen soll.

Besteht dagegen die Gefahr, dass Kinder durch eine Teilnahme geschwächt werden, oder ist es notwendig, mit den Eltern „Klartext" zu sprechen, sollten Sie von einer Teilnahme des Kindes abraten.

Um die Kinder nicht zu überfordern, sollte die Zahl der Gesprächsteilnehmer überschaubar bleiben und sich auf ein oder beide Elternteile, das Kind sowie die Klassenlehrkraft beschränken. In Absprache mit den Eltern kann, falls notwendig, noch ein Dolmetscher hinzugezogen werden.

Auch die **Gesprächsdauer** orientiert sich an der Konzentrationsspanne junger Schüler und sollte auf maximal 30 Minuten beschränkt sein.

Lernentwicklungsgespräche vorbereiten

Bereiten Sie sich sorgfältig auf jedes Gespräch vor, um Ihre Kompetenz und Ihre Wertschätzung gegenüber Eltern und Schülern zu zeigen. Als hilfreiches Instrument haben sich Vorbereitungsbögen erwiesen, die vor dem Gespräch sowohl von der Lehrkraft als auch von den Eltern bzw. vom Kind ausgefüllt werden. Im Idealfall formuliert Ihre Schule ein Konzept für die Lernentwicklungsgespräche und stellt jahrgangsgerechte Bögen zur Einschätzung bzw. Selbsteinschätzung bereit.

Laden Sie etwa zwei Wochen vor dem vorgesehenen Termin schriftlich zum Lernentwicklungsgespräch ein (oder mündlich beim Elternabend, wenn dieser zeitnah stattfindet) und legen Ihrer Einladung einen Selbsteinschätzungsbogen für das Kind (Beispiel siehe S. 115) und/oder einen Einschätzungsbogen für die Eltern bei.

Einen ähnlichen Einschätzungsbogen füllen auch Sie im Vorfeld aus – er gibt dem Gespräch seine Struktur. Wie detailliert die Einschätzungsbögen ausgearbeitet sind und welche Inhalte im Einzelnen abgefragt werden, variiert von Schule zu Schule und ist auch abhängig von der Klassenstufe. Der Vorbereitungsbogen kann z. B. Einschätzungen zu folgenden Bereichen abfragen:

1. **Verhalten in der Gemeinschaft/soziales Verhalten**
2. **Selbstkompetenz**
3. **Arbeits- und Lernverhalten**
4. **Altersbezogene Leistungen in den einzelnen Fächern**

Damit die Eltern über Sinn und Zweck der Lernentwicklungsgespräche informiert sind, empfiehlt sich, das Thema beim ersten Elternabend des Schuljahres anzusprechen. Erläutern Sie kurz, worum es geht, und weisen besonders auf den partnerschaftlichen Charakter der Gespräche hin. Nehmen Sie Eltern soweit wie möglich die Angst vor diesem Termin. Je entspannter und offener die Familien erscheinen, desto besser stehen die Chancen für eine gute und erfolgreiche Zusammenarbeit. Mütter und Väter sollen wissen, dass die Gespräche regelmäßig mit allen Eltern stattfinden, vertraulich sind und dazu dienen, miteinander über den aktuellen Entwicklungsstand des Kindes zu sprechen und ein bis zwei Zielvereinbarungen zu treffen.

Auch hier gilt: Gespräche auf Augenhöhe sind eine Voraussetzung für gelingende Kommunikation! Holen Sie die Eltern als gleichberechtigte Partner mit ins Boot, vermitteln Sie ihnen Wertschätzung und Willkommensein. Machen Sie deutlich, dass Sie gemeinsam mit ihnen etwas Positives für das Kind erreichen wollen, statt ihnen das Gefühl zu geben, auf der Anklagebank zu sitzen.

Skizzieren Sie beim Elternabend die Vorbereitung, Zielsetzung und den Ablauf des Gesprächs in Form einer Mindmap an der Tafel – dann können die Eltern Ihre Informationen besser verarbeiten.

Nehmen die Kinder an den Lernentwicklungsgesprächen teil, thematisieren Sie das bevorstehende Gespräch ein bis zwei Tage zuvor im Unterricht. Unter Umständen kann es sogar sinnvoll sein, den Selbsteinschätzungsbogen (S. 115) im Unterricht auszufüllen, etwa dann, wenn ein hoher Anteil von Nicht-Muttersprachlern zur Klasse gehört.

Für die Lehrkraft gehören neben dem Ausfüllen der Einschätzungsbögen noch das Bereitstellen von Praxismaterial und Arbeitsproben sowie die Vorbereitung des Raums zu den Schritten vor Beginn des Lernentwicklungsgesprächs. Tauschen Sie sich vorab gegebenenfalls außerdem mit den Fachlehrkräften aus.

Einen guten Beginn erhält der Einschätzungsbogen für Kind, Eltern und Lehrkraft durch eine Abfrage der Stärken als ersten Punkt. Unter der Überschrift *„Das ist meine größte Stärke"/„Das kann ich besonders gut"* beim Kind oder als *„Das machst du in der Schule besonders gut"/ „Hier liegen deine Stärken in der Schule"* auf dem Bogen der Lehrkraft richten Sie den Blick auf das Positive. Im Gespräch schafft dieser erste Punkt einen idealen Einstieg für alle Beteiligten.

Ablauf des Lernentwicklungsgesprächs

Als besonders wichtig zeigt sich eine wertschätzende Atmosphäre beim Lernentwicklungsgespräch. Hier geht es darum, die Zukunft auf Grundlage der aktuellen Einschätzungen positiv zu gestalten – dieses Ziel prägt die Atmosphäre, in der miteinander gesprochen wird. Nimmt das Kind am Gespräch teil, so sollte zudem ganz deutlich werden, dass es als Hauptakteur im Zentrum des Gesprächs steht und nicht lediglich danebensitzt, während sich die Erwachsenen austauschen. Das gelingt, indem Sie Mädchen oder Jungen als Erstes namentlich begrüßen und sich erst danach an die Eltern wenden. Denken Sie daran: Bei diesem Termin sprechen Sie mit den Eltern nicht über, sondern mit dem Kind. **Ein Ablauf kann so aussehen:**

→ Begrüßung der Teilnehmer, kurzer „Small Talk" als Eisbrecher

→ Inhalt, Zielsetzung und Zeitrahmen kurz vorstellen

→ Einschätzungsbögen zum Vergleich nebeneinander auslegen

→ Einstieg mit den Stärken des Kindes

→ Einschätzungen vergleichen und Übereinstimmungen bzw. Abweichungen feststellen (erst Kind, dann Eltern, zuletzt Ihr Bogen)

→ Ursachen unterschiedlicher Einschätzungen besprechen. Dazu „W-Fragen" einsetzen und erst die Einschätzung von Kind und Eltern abfragen, dann schildert die Lehrkraft ihre Einschätzung.

→ Hilfreich für eine positive, aktivierende Gesprächsatmosphäre sind auch diese Techniken: in der Sprache des Gegenüber sprechen, Ich-Botschaften für eigene Beobachtungen verwenden, Zwischenergebnisse schriftlich festhalten (z. B. auf Karteikarten oder einem Flipchart)

→ Besondere Maßnahmen, wie Förderbedarf, und andere Vereinbarungen während des Gesprächs handschriftlich auf dem eigenen Einschätzungsbogen notieren.

→ Zielvereinbarungen treffen und auf den Einschätzungsbögen des Kindes bzw. der Eltern notieren. Dabei auf konkrete Formulierungen achten, die zeitnah umsetzbar sind (z. B. *„Ich will jeden Tag zehn Minuten lesen"*, *„Ich notiere mir die Hausaufgaben täglich in meinem Hausaufgabenheft"*).

→ Einschätzungsbögen kopieren, damit alle Teilnehmer abschließend je ein Exemplar erhalten.

→ wertschätzende Verabschiedung

Während des Gesprächs können Sie die angesprochenen Lösungsansätze stichwortartig auf große Karteikarten schreiben und zum Schluss gemeinsam mit den Eltern diejenigen heraussuchen, die weiterverfolgt werden sollen.

Stolperstein 1

Negativspirale

Lernentwicklungsgespräche sind eigentlich keine Problemgespräche – trotzdem werden Sie gelegentlich auch problematisches Verhalten und Defizite der Kinder ansprechen. Damit die Stimmung dann nicht kippt und das Gespräch in eine Negativspirale aus Vorwurf, Verteidigung, Abwehr und Rückzug gerät, achten Sie darauf, ...

- ➜ Beobachtungen über das Verhalten und dessen Auswirkungen auf das Kind aus Ihrer Perspektive zu schildern und nicht als absolute Wahrheit darzustellen (*„Ich beobachte, dass Kevin zwischen Mein und Dein noch nicht so recht unterscheiden kann. Dadurch ist es in der letzten Zeit öfter mal zu Streit gekommen“*).
- ➜ Ihre Gefühle zu schildern, was das Verhalten des Kindes angeht (*„Wenn er sich einfach nimmt, was er braucht, ohne um Erlaubnis zu fragen, bin ich selbst oft unsicher, ob ich sofort eingreifen soll oder ihn erst einmal unauffällig beiseitenehmen soll.“*), ohne gleich zu bewerten (*„Das geht so natürlich nicht!“*) oder Lösungen anzubieten (*„Ich würde Ihnen raten ...“*).
- ➜ die Eltern als Gesprächspartner auf Augenhöhe zu behandeln und sie nach ihren Beobachtungen, Einschätzungen und Lösungsideen zu fragen.

Wenn das Gespräch bereits eine Wendung ins Negative genommen hat, sprechen Sie auch das direkt an: *„Ich will mich wirklich nicht mit Ihnen streiten und will Ihnen bestimmt nichts unterstellen. Mir liegt viel daran, mit Ihnen gemeinsam einen Weg zu finden, damit es Kevin in der Klasse gut geht.“*

Achten Sie im Gespräch darauf, Defizite oder Probleme der Kinder nicht als Charaktereigenschaften zu beschreiben, und korrigieren Sie gegebenenfalls die Eltern, falls diese denselben Fehler machen. Kinder sind nicht als Persönlichkeiten faul, trotzig, unwillig oder unreif. Ihr Verhalten bzw. ihre Leistungen sind immer als Reaktion auf eine Situation zu verstehen, die sich zumindest zum Teil beeinflussen lässt. Durch eine ressourcenorientierte Sichtweise (*„Wann tritt das Problem nicht auf?", „Wann arbeitet das Kind selbstständig?"*) lenken Sie den Blick auf Lösungen, statt in Schuldzuweisungen zu verharren oder in einen Teufelskreis aus Beschuldigungen und Ausweichen bzw. Gegenangriffen zu geraten.

Stolperstein 2

„Und dann wollte ich Ihnen noch erzählen ..."

Das Entwicklungsgespräch soll kein Entwicklungsvortrag sein! Lassen Sie die Eltern immer wieder zu Wort kommen und achten Sie darauf, nicht zu viel selbst zu sprechen! Das gelingt, wenn Sie im Vorfeld inhaltliche Schwerpunkte setzen und durch bewusstes Nachfragen die Eltern immer wieder einbeziehen. Ob Sie zu lange gesprochen haben, erkennen Sie leicht daran, dass die Eltern zunehmend abwesend wirken, sich zurücklehnen oder immer stiller werden. Achten Sie auch darauf, dass die Eltern beim Thema bleiben. Auch private Probleme oder Schwierigkeiten der Familie haben im Entwicklungsgespräch nur dann etwas verloren, wenn sie Einfluss auf die Entwicklung des Kindes haben.

LERNENTWICKLUNGSGESPRÄCH | Selbsteinschätzung Schüler Kl. 1

Beispielbogen

Ich heiße:	Mein/e Lehrer/in:
Meine Klasse:	Beim Gespräch dabei: ☐ mein Vater ☐ meine Mutter
Das kann ich besonders gut/mein größtes Talent:	
Mein Lieblingsfach ist:	

In meiner Klasse ...	☺☺	☺	😐	☹	☹☹
helfe ich anderen Kindern, wenn ich kann.					
bin ich freundlich und ärgere nicht.					
einige ich mich, ohne zu schreien oder zu hauen, wenn es mal Streit gibt.					
halte ich mich an unsere Klassenregeln.					

Im Unterricht ...	☺☺	☺	😐	☹	☹☹
melde ich mich, wenn ich etwas sagen will.					
rede ich erst, wenn ich drankomme.					
höre ich gut zu, wenn andere reden.					
frage ich nach, wenn ich etwas nicht verstanden habe.					
beteilige ich mich oft.					

Aufgaben im Unterricht	☺☺	☺	😐	☹	☹☹
Die Aufgaben im Unterricht erledige ich konzentriert und zügig.					
Ich arbeite gut mit anderen Kindern zusammen.					
Ich halte meine Schulsachen in Ordnung und bringe sie vollständig mit.					
Ich mache meine Hausaufgaben vollständig und rechtzeitig.					
Ich schaffe meinen Wochenplan.					

Schreiben und Lesen	☺☺	☺	😐	☹	☹☹
Ich kann Wörter in Silben aufteilen.					
Ich höre, mit welchem Laut ein Wort anfängt.					
Ich schreibe die Buchstaben so, wie ich sie in der Schule gelernt habe.					
Ich lasse Lücken zwischen den Wörtern.					
Ich schreibe von der Tafel ohne Fehler ab.					
Ich schreibe kleine Geschichten.					
Ich lese bekannte Wörter und verstehe sie.					
Ich lese unbekannte Wörter und verstehe sie.					

Darin möchte ich noch besser werden:

Gespräch beim Übergang auf die weiterführende Schule

Der Übergang von der Grundschule auf eine weiterführende Schule stellt eines der wichtigsten Ereignisse in der Schullaufbahn dar. Welche Schulart ein Kind besucht, gilt als Weichenstellung für seine Zukunft. Wenn Eltern und Lehrer verschiedener Ansicht sind, kann das Beratungsgespräch schwierig werden. Je nach Bundesland stellt sich die Situation dabei allerdings unterschiedlich dar: Während in einigen Ländern der Elternwunsch sich der Empfehlung durch die Schule unterzuordnen hat, können sich Eltern in anderen Bundesländern über die Empfehlung hinwegsetzen und ihre Kinder bei einer Schule eigener Wahl anmelden. Einige Bundesländer verzichten sogar komplett auf eine Schullaufbahnempfehlung. Die folgenden Empfehlungen beziehen sich auf den zweiten und dritten Fall, in dem das Übergangsgespräch vor allem Beratungscharakter hat.

Gesprächshintergrund

Schullaufbahnempfehlungen werden in vielen Familien mit Bangen erwartet – sind doch viele Eltern davon überzeugt, die Entscheidung über die weiterführende Schule werde einen maßgeblichen Einfluss auf die weitere Bildungslaufbahn und Karriere ihres Kindes haben. Zudem werden oft erst beim Beratungsgespräch über die weitere Schullaufbahn die unterschiedlichen Sichtweisen und Vorstellungen unübersehbar. Unglücklicherweise handelt es sich dann um einen Zeitpunkt, zu dem kaum noch Spielraum für Korrekturen bei den Leistungen des Kindes gegeben ist. Gerade wenn Eltern vermuten, dass die Empfehlung der Schule von den eigenen Wünschen abweicht, sorgt die emotional aufgeladene Stimmung dafür, dass diese Beratungsgespräche sich schnell zu einem handfesten Konflikt steigern können, in dem sich beide Seiten Vorwürfe machen und abwertende Aussagen fallen, die später nur schwer rückgängig gemacht werden können.

Als Gesprächsführer liegt es vor allem in Ihrer Hand, in welcher Atmosphäre ein solches Gespräch stattfindet und ob Sie von den Eltern dabei eher als Kontrahent oder als Verbündeter empfunden werden. Hilfreich ist dabei selbstverständlich, wenn durch regelmäßigen vertrauensvollen Kontakt im Vorfeld bereits ein gutes Verhältnis besteht. Doch selbst dann ist klar – wenn Wunsch und Wirklichkeit auseinanderklaffen, steht kein leichtes Gespräch an. Umso wichtiger ist es, gerade diese Termine gut vorbereitet sowie mit Empathie und innerer Ruhe zu führen.

Zeitrahmen und Teilnehmer

Gespräche zum Thema Schullaufbahn werden in der Regel in einem Zeitraum zwischen Ende der Herbstferien und Anfang des neuen Jahres geführt, einige Wochen bevor die Familien die eigentliche Schullaufbahnempfehlung erhalten. Ob an diesen Gesprächen neben Eltern und Klassenlehrer auch die Kinder teilnehmen, wird von Schule zu Schule unterschiedlich geregelt.

Planen Sie als Zeitdauer für das anstehende Gespräch 20 bis maximal 30 Minuten ein, eine längere Gesprächsdauer ist in der Regel weder notwendig noch zielführend. Treten Konflikte und Auseinandersetzungen auf, die mehr Raum einnehmen, ist es sinnvoll, diese bei einem zweiten Termin zu besprechen, auf den Sie und die Eltern sich besser vorbereiten können. Das eigentliche Beratungsgespräch wäre mit der Klärung solcher Konflikte überlastet.

Ziel und Inhalte

Wichtigstes Ziel des Beratungsgespräches ist es, die Eltern bei ihrer Entscheidung für eine weiterführende Schule zu unterstützen. Letztlich geht es darum, gemeinsam zu ermitteln, welcher Bildungsweg der beste für das Kind ist und es zu einer erfolgreichen Schullaufbahn führt. Außerdem können Sie den Eltern wichtige Informationen über das Prozedere der Anmeldung liefern, etwa wenn es darum geht, welche Schule als Erst- oder Zweitwunsch angegeben wird. Bei der Wahl der am besten geeigneten Schulform können Sie die Eltern in verschiedener Hinsicht beraten.

Sie ...

- ➜ informieren anhand des Notenbildes über den aktuellen Leistungsstand des Kindes.
- ➜ beurteilen die Lernkompetenz in Hinblick auf Zielstrebigkeit, Durchhaltevermögen, Konzentrationsfähigkeit, Ordnungssinn, soziale Kompetenz.
- ➜ kennen die Anforderungen der unterschiedlichen Schullaufbahnen (sowohl bezogen auf schulische Leistung als auch auf Anforderungen an Soft Skills, wie Motivation, Leistungsbereitschaft, Teamfähigkeit, Kompromissbereitschaft u. v. m.).
- ➜ kennen die verschiedenen Schulen im Einzugsgebiet.

Doch es kommt nicht allein auf den Blickwinkel der Schule an, im Beratungsgespräch erfragen Sie auch die Wünsche und Vorstellungen der Eltern.

Von ihnen erfahren Sie z. B. etwas über ...

- ➜ die häusliche Situation, sowohl in Hinblick auf hindernde Umstände als auch auf mögliche Ressourcen. Auch organisatorische Gesichtspunkte und besondere Ansprüche, wie die Wahl einer Ganztagsschule bzw. einer Schule mit bestimmten Förderangeboten, gehören dazu.
- ➜ das Lernverhalten des Kindes (braucht es viel oder wenig Zeit für die Hausaufgaben, benötigt es Hilfe bei der Vorbereitung auf Klassenarbeiten, wie ist das Arbeitstempo und -verhalten allgemein).
- ➜ soziale Kompetenz und außerschulische Interessen.

Schullaufbahngespräch vorbereiten

Angesichts der möglichen Herausforderungen ist es wichtig, das Schullaufbahngespräch sorgfältig vorzubereiten. Hier die wichtigsten Punkte, die Sie im Vorfeld beachten sollten:

1. **Terminwahl:** Vermeiden Sie Termindruck, indem Sie die Gesprächstermine rechtzeitig (ab Ende der Herbstferien) ankündigen und Termine mit den Eltern vereinbaren. Orientieren Sie sich bei ihren Vorschlägen an der Situation der Eltern und bieten Zeitfenster an, die auch Berufstätige nutzen können.

2. **Günstige Rahmenbedingungen:** Sorgen Sie für bequeme Stühle, einen gut gelüfteten, ordentlichen Raum, freundliche Begrüßung, positiven Gesprächseinstieg, keine Störungen.

3. **Vorbereitung:** Vermeiden Sie Zeitdruck und Anspannung – wenn Sie in letzter Minute abgehetzt zum Gespräch erscheinen, tun Sie weder sich noch den Eltern einen Gefallen. Versuchen Sie zudem, sich mit Möglichkeiten, die zu Ihnen passen, zu entspannen und stimmen Sie sich positiv auf Ihre Gesprächspartner ein.

4. **Benötigte Materialien:** Legen Sie alle benötigten Informationen über Leistungsstand und Lernverhalten bereit. Überprüfen Sie Ihre Einschätzung ggf. durch Austausch mit Fachlehrern, Beratungslehrern oder Schulpsychologen.

5. **Gesprächsablauf planen:** Überlegen Sie vorher, welches Ziel Sie auf jeden Fall erreichen möchten (Sichtweisen über die weitere Schullaufbahn austauschen/ zu einer Einigung bzw. gemeinsamen Sichtweise kommen) und welche Inhalte Sie in Bezug auf das jeweilige Kind konkret ansprechen wollen. Notieren Sie evtl. die Punkte in der entsprechenden Reihenfolge, damit Sie nichts vergessen.

6. **Mögliche Schwierigkeiten:** Spielen Sie mögliche Konflikte und Einwände vorher durch und überlegen sich geeignete Sach-Argumente. Stellen Sie sich auf Angriffe und aggressive Fragen ein und vergegenwärtigen Sie sich mögliche Reaktionen. Vor allem: Machen Sie sich bewusst, dass die Entscheidung über die Wahl der weiterführenden Schule letztlich bei den Eltern liegt und dass Sie lediglich beratende Funktion haben.

Checkliste Beratungsgespräch zum Übergang auf die weiterführende Schule

Was?	Wie?
die Eltern begrüßen und einen positiven Gesprächseinstieg finden	⇨ *Steigen Sie positiv ein, z. B. mithilfe eines Fotos oder einer Anekdote zum Verhalten des Kindes.* ⇨ *Auch ein Dank für das Erscheinen oder andere freundliche Aussagen („Ich wollte mich noch einmal für Ihre Unterstützung beim Tag der offenen Tür bedanken.") können Sie hier anbringen.*
Ziele, Zeitrahmen sowie Ablauf des Gesprächs benennen	⇨ *„Zuerst will ich von Ihnen ... und dann ..., zum Abschluss sollten wir ... Insgesamt haben wir bis 11:30 Uhr Zeit."*
Einverständnis der Eltern zum geplanten Ablauf des Gesprächs einholen	⇨ *„Ist es Ihnen recht, wenn wir so vorgehen?"* ⇨ *„Die Ergebnisse halte ich in einem Protokoll fest. Selbstverständlich bekommen Sie eine Kopie."*
Überlegungen und Wünsche der Eltern für die weitere Schullaufbahn erfragen	⇨ *„Sie haben sich gewiss schon Gedanken über die Schule gemacht, auf die Kevin gehen soll. Was stellen Sie sich denn vor?"* ⇨ *„Welche Gründe sprechen aus Ihrer Sicht für das Gymnasium?"* ⇨ *Aussagen erst einmal nicht kommentieren oder zurückweisen, sondern für sich stehen lassen*

eigene Empfehlung klar mitteilen	⇨ *Begründen Sie Ihre Empfehlung anhand von Aussagen über Leistungsstand und Notenbild, Lernkompetenz und Lernverhalten.* ⇨ *Auch ein von Ihnen ausgefüllter Einschätzungsbogen zum Lern- und Arbeitsverhalten kann hilfreich sein.* ⇨ *Abschließen mit einer Zusammenfassung Ihrer Einschätzung: „Zusammengefasst würde ich sagen, dass …"*
den Eltern Gelegenheit zum Nachfragen bieten	⇨ *„Können Sie das so nachvollziehen?"*
unterschiedliche Sichtweisen ansprechen und nach Möglichkeit gemeinsam bewerten	⇨ *Vor- und Nachteile sammeln* ⇨ *„Sie haben eingangs erwähnt, dass … Im Unterricht beobachte ich allerdings eher, dass …"* ⇨ *„Unsere Einschätzung weicht ja in Hinsicht auf … doch voneinander ab. Wie würde Ihr Kind denn Ihrer Meinung nach damit umgehen, wenn …"* ⇨ *„Sie machen mich da auf etwas aufmerksam, was ich so noch nicht gesehen habe. Welche Auswirkung hätte es denn, wenn …?"*
die jeweiligen Standpunkte mit Pro- und Kontra-Argumenten zusammenfassen	⇨ *Stichworte können Sie auf Karteikarten mitschreiben, damit nichts verloren geht.*
Handlungsoptionen aufzeigen, Verabredungen treffen und terminlich festlegen	⇨ *Bis wann soll etwas geschehen?* ⇨ *Wann trifft man sich wieder, um den Erfolg/ das Ergebnis zu besprechen?*
einen kurzen Ausblick geben, wie es weitergeht	⇨ *„Wir sollten zum Ende kommen, unsere Zeit ist fast um. Ich fasse noch einmal kurz zusammen, was wir jetzt besprochen haben. Ich habe Ihnen … geschildert und bin der Auffassung, dass … Sie sind dagegen der Meinung, dass … Und führen dafür folgende Argumente an … Selbstverständlich lasse ich Ihre Sichtweise in die Klassenkonferenz einfließen. Die letztliche Empfehlung der Grundschule erhalten Sie dann …"*
Verabschiedung	

Stolperstein 1

Unterschiedliche Blickwinkel, unterschiedliche Sichtweisen

Obwohl im Prinzip Einigkeit darüber besteht, dass ein regelmäßiger und vertrauensvoller Umgang zwischen Eltern und Lehrern nur förderlich für die Bildungsbiografie sein kann, kommt es in der Realität nach wie vor viel zu selten dazu. Stattdessen pflegen beide Seiten ihre Vorurteile: Eltern halten Lehrer für ungerecht, arrogant, wenig engagiert und nicht bereit, ihr Kind als ganze Person wahrzunehmen. Lehrer dagegen beschweren sich über Helikopter-Eltern auf der einen Seite und beklagen auf der anderen, dass Mütter und Väter ihrem Erziehungsauftrag nicht mehr nachkommen können oder wollen.

So bedauerlich (und oft auch unbegründet) solche Vorurteile auf beiden Seiten sein mögen, eines ist unbestreitbar: Eltern und Lehrer betrachten die Entscheidung für eine weiterführende Schule aus unterschiedlichen Blickwinkeln und mit unterschiedlichem emotionalen Einsatz. Das muss an sich nicht hinderlich für das Gespräch sein. Es ist vielmehr ganz natürlich, dass Elternanliegen und Lehreranliegen voneinander abweichen. Wenn es um die Empfehlung für den Besuch einer weiterführenden Schule geht, tritt diese Differenz jedoch oft besonders deutlich zutage und sorgt für Konflikte.

Stolperstein 2

Eine Situation – mehrere Sichtweisen

Auch wenn Eltern und Lehrer das Beste für das Kind wollen – worin das genau besteht, darüber herrscht vor allem im Schullaufbahngespräch schnell Uneinigkeit. Kein Wunder, denn beide Seiten beurteilen die Situation aus unterschiedlichen Blickwinkeln. Vergegenwärtigen Sie sich beide Sichtweisen für einen empathischen Umgang mit den Eltern.

Eltern ...

- sehen vor allem ihr Kind und haben nicht den Vergleich mit der gesamten Klasse.
- wünschen für ihr Kind die bestmögliche Erziehung auf der bestmöglichen Schule.
- sehen sich als Anwalt ihres Kindes, dessen Interessen sie vertreten.
- befürchten, ihr Kind könnte zu kurz kommen.
- sehen vor allem die Stärken ihres Kindes.

- ➜ glauben mit der richtigen Unterstützung (z. B. Nachhilfe) könnte ihr Kind im nächsten Schuljahr die erforderlichen Leistungen schaffen.
- ➜ überschätzen manchmal ihre eigene Fähigkeit, dem Kind zu helfen.
- ➜ hoffen, dass in einem neuen Umfeld alles besser wird.
- ➜ glauben, dass ihr Kind es auf der Schule ihrer Wahl schon schaffen wird, und wollen es dort lieber erst einmal versuchen.
- ➜ haben von anderen gehört, die auch als „Spätzünder" erfolgreich waren.

Die Sichtweise von Lehrern ist naturgemäß eine andere. Lehrer ...

- ➜ sehen Kinder im Vergleich zu den übrigen Kindern in der Klasse.
- ➜ haben Vergleichsmöglichkeiten zu Kindern jüngerer und älterer Altersstufen und können die Entwicklung so besser einschätzen.
- ➜ erleben das Kind als Teil einer Gruppe.
- ➜ haben eine weniger emotionale Sichtweise auf das Kind.
- ➜ schätzen Sie schulische Leistungsfähigkeit und Lernbereitschaft realistisch ein.
- ➜ wissen, welche Anforderungen die weiterführenden Schulen stellen.
- ➜ wollen das Beste für das Kind.

Solange beide Seiten voneinander wissen, dass grundsätzliche Einigkeit über das Ziel „das Beste für das Kind" herrscht, besteht eine hohe Wahrscheinlichkeit, dass das Gespräch konstruktiv und kooperativ abläuft. Lehrkräfte und Familien können dann voneinander profitieren, weil jeder mit seiner Sichtweise zum Verständnis der Situation beiträgt. Als Gesprächsleiter und Pädagoge ist es Ihre Aufgabe, diesen Konsens immer wieder deutlich zu machen und in den Fokus zu stellen.

Das gelingt, indem Sie bei diesem Gespräch ...

- ➜ Eltern respektieren, auch wenn ihre Ansichten von den eigenen abweichen.
- ➜ Eltern immer wieder zu Wort kommen lassen.
- ➜ aktiv Zuhören, um die Sichtweisen und Motive der Eltern zu verstehen.
- ➜ den eigenen Standpunkt mit Ich-Botschaften vermitteln.
- ➜ Verstehen überprüfen (*„Habe ich richtig verstanden, dass Sie ..."*).
- ➜ nicht interpretieren und den Eltern eigene Vorstellungen überstülpen (statt *„Natürlich machen Sie sich Sorgen, dass Kevin später weniger Möglichkeiten offenstehen, wenn er die Hauptschule besucht."* besser *„Was ist denn Ihre Sorge, wenn Kevin auf die xy-Schule geht?"*).
- ➜ Gefühle der Eltern, wie Angst oder Ärger, zulassen und ihnen Raum dafür lassen, indem Sie nicht gleich abwiegeln, protestieren, sich verteidigen o. Ä.
- ➜ ruhig und sachlich auf Vorwürfe reagieren, aber Grenzüberschreitungen ansprechen und deutlich zurückweisen

Gespräch beim Elternsprechtag

Elternsprechtage finden regelmäßig 1- bis 2-mal pro Schuljahr statt und sind in der Grundschule seitens der Eltern auch in der Regel gut besucht. Möglich ist eine Teilnahme des Kindes (falls an Ihrer Schule Kind-Eltern-Lehrer-Gespräche durchgeführt werden, können diese organisatorisch mit dem Elternsprechtag verknüpft sein).

Auch wenn der „Gesprächs-Marathon" des Elternsprechtages allein aus zeitlichen Gründen eine echte Herausforderung darstellt, bietet er doch eine hervorragende Gelegenheit, Kontakt zu den Eltern zu finden und zu pflegen. Freuen Sie sich gerade über die Eltern, die kommen, obwohl keine akuten Probleme oder drängenden Fragen anliegen! Das persönliche Kennenlernen, der Austausch über Stärken und Potenziale ihrer Kinder können später einmal eine tragfähige Basis bilden, wenn doch einmal Meinungsverschiedenheiten auftreten. Beim Elternsprechtag steht für jedes Gespräch zwar nur wenig Zeit zur Verfügung, dafür sorgt er aber ...

- **als niedrigschwelliges Gesprächsangebot**
- **mit regelmäßigem, verbindlichem Termin und**
- **mit dem Fokus auf jedem einzelnen Kind**

für besonderes Interesse bei den Eltern. Nutzen Sie diese Treffen daher nicht nur, um die Eltern über den Leistungsstand zu informieren, sondern auch um Vertrauen zu bilden. Laden Sie zum Elternsprechtag ausdrücklich beide Elternteile ein – je besser Sie über den familiären Hintergrund Ihrer Schüler informiert sind, desto besser können Sie jedes Kind einschätzen und fördern.

Zeitrahmen, Ziel und Vorbereitung

Das Gespräch beim Elternsprechtag wird vor allem von dem knappen Zeitrahmen beeinflusst, der dafür zur Verfügung steht. In der Regel setzen Sie maximal 15 Minuten pro Gespräch an – ein Zeitrahmen, in dem Sie selbstverständlich nicht die komplette Entwicklung des Kindes besprechen können. Der Fokus liegt daher auf der aktuellen Situation in Bezug auf die Leistungen und Entwicklung des Kindes sowie auf aktuellen Fragen oder Problemen. Oft werden die Eltern eine ganze Reihe von Anliegen mitbringen, die Sie mit Ihnen klären möchten, angefangen von Hausaufgabenproblemen und Beschwerden über schlechte Noten, über Auseinandersetzungen mit anderen Schülern, Unzufriedenheit mit Kollegen und vielem mehr. Rechnen Sie auf der anderen Seite mit Eltern, die ohne spezielle Agenda erscheinen und Sie „einfach mal kennenlernen“ möchten. Sollten im Gesprächsverlauf Themen zur Sprache kommen, die mehr Zeit als die vorgesehenen 10 bis 15 Minuten in Anspruch nehmen, bieten Sie den Eltern zeitnah einen weiteren Beratungstermin an – das Gespräch beim Elternsprechtag ist dafür nicht geeignet.

Das interessiert Eltern beim Elternsprechtag

- Wie sehen die aktuellen Leistungen meines Kindes in den verschiedenen Fächern aus?
- Gab es in letzter Zeit Veränderungen zum Positiven oder Negativen?
- Wie sind das Arbeitsverhalten und die Lernbereitschaft meines Kindes?
- Wie ist es um die mündliche Beteiligung im Unterricht bestellt?
- Ist mein Kind ausreichend auf den Unterricht vorbereitet? Werden die Hausaufgaben regelmäßig gemacht? Bringt es alle Unterrichtsmaterialien mit?
- Was kann ich tun, um mein Kind zu fördern?
- Wie geht es meinem Kind in der Klasse? Wie ist das Verhältnis zu anderen Kindern?
- Hat mein Kind Freunde, mit denen es auch in der Pause regelmäßig zusammen ist?
- Gab es Vorkommnisse in der Klasse, von denen ich wissen müsste?

Um die kurze Zeit effektiv zu nutzen, ist eine gute Vorbereitung wichtig. Aufgrund der Terminliste, die im Vorfeld ausgegeben wurde, wissen Sie ja bereits, welche Eltern erscheinen werden. Anhand von Notenliste, Liste über Mitarbeit, Liste über vergessene Hausaufgaben und besondere Bemerkungen vergegenwärtigen Sie sich die aktuellen Leistungen und Entwicklungsstände der entsprechenden Kinder.

Hilfreich ist auch eine Übersicht über alle Schüler, mit deren Eltern Gespräche stattfinden. Hier können Sie Ihre Notizen über besondere Vorkommnisse (positive und negative) eintragen und benötigen während des Gesprächs nicht zu viele verschiedene Unterlagen. Auch konkrete Arbeitsbeispiele der entsprechenden Kinder oder Punkte-Aufschlüsselungen von kürzlich geschriebenen Klassenarbeiten sind hilfreiche Unterlagen, um den Eltern konkrete Informationen über den Leistungs- und Entwicklungsstand der Kinder zu geben.

Je genauer Ihre Rückmeldung an die Eltern, desto größer die Chance, dass vom Gesagten etwas umgesetzt wird! Eine gute Vorbereitung unterstreicht nicht zuletzt auch Ihre pädagogische Kompetenz und sorgt für Vertrauen. Wenn Mutter und Vater merken, dass Sie gut über ihr Kind informiert sind und sich Gedanken über die bestmögliche Förderung machen, sorgt das für eine vertrauensvolle Beziehung.

Diese Unterlagen sind hilfreich für Ihre Vorbereitung

- ➜ Notenliste
- ➜ Liste über Mitarbeit
- ➜ besondere Bemerkungen (z. B. Lerntagebuch, Hausaufgabenliste, positive und negative Vorkommnisse) – lässt sich auch in Form einer Schülerkartei gut führen, zu der auch andere Fachlehrer beitragen können!
- ➜ Arbeitsproben
- ➜ Punkte-Aufschlüsselung letzter Klassenarbeiten
- ➜ Informationen oder Beleg-Exemplare von Fördermaterialien für unterschiedliche Fächer
- ➜ Informationen über weitere Fördermöglichkeiten/Adressen/Ansprechpartner

Wie bei allen Elterngesprächen sollte selbstverständlich auch hier der räumliche Rahmen möglichst ansprechend gestaltet sein. Bringen Sie einen Teller mit Keksen oder (abgepackten) Leckereien mit und je nach Jahreszeit eine Kerze oder ein paar Blumen/Kastanien o. Ä. – damit signalisieren Sie ein „Herzlich willkommen", das bei vielen Eltern sicher gut ankommt.

Verlauf des Gesprächs

1. Begrüßen Sie Eltern (und Kind) freundlich, am besten namentlich und mit Hinweis auf das jeweilige Kind (*„Guten Tag, Frau Maier, Sie sind also die Mutter von Lisa aus meiner 3. Klasse."*). So zeigen Sie den Eltern gleich zu Beginn, dass Sie wissen, um welches Kind es geht – das sorgt für Sympathie. Danken Sie für das Erscheinen und weisen noch einmal deutlich auf den Zeitrahmen hin – so können Sie „Vielredner" später besser zum Ende bringen.

Um die Zeit nicht aus den Augen zu verlieren, stellen Sie gleich zu Beginn eine Eieruhr oder legen Sie Ihre Armbanduhr gut sichtbar auf den Tisch. Erklären Sie den Eltern kurz warum, die meisten werden Verständnis haben!

2. Als Erstes erhalten die Eltern das Wort (*„Haben Sie konkrete Fragen, über die wir heute sprechen sollten?", „Was für einen Eindruck haben Sie denn zurzeit, wie es Lisa in der Schule geht?"*). Viele Eltern haben das Bedürfnis, zu reden, das sollten Sie ernst nehmen! Andernfalls fühlen sich die Eltern nicht verstanden oder bringen ihr Anliegen erst ganz zum Ende ein, wenn das Gespräch eigentlich schon beendet sein sollte. Durch Körpersprache (vorbeugen, lächeln, nicken) und Nachfragen (*„Woran merken Sie denn genau, dass Orhan sich in der Klasse nicht wohlfühlt?"*) zeigen Sie Ihr Interesse.

3. Werden vonseiten der Eltern Probleme angesprochen, betonen Sie Ihre Bereitschaft, gemeinsam an einer Lösung zu arbeiten (*„Was können wir tun, um dieses Problem zu lösen?"*). Holen Sie aber auch die Eltern (oder, wenn sie dabei sind, die Kinder selbst) mit ins Boot. Gerade wenn es sich um Disziplinprobleme handelt, geht es nicht darum, dass Sie Patentlösungen verteilen, sondern darum, die Eltern in ihrer Eigenverantwortung und Erziehungskompetenz zu stärken. Das erreichen Sie z. B. durch gezielte Fragen, die das Denken in eine konstruktive Richtung lenken (*„Was können Sie tun, um Lisa bei diesem Ziel zu helfen?", „Was haben Sie denn bisher unternommen, um das in den Griff zu bekommen?"*). Stärken Sie die Eltern durch positive Rückmeldungen und ermuntern Sie sie, sich aktiv einzubringen (*„Ihre Beobachtungen sind dabei eine große Hilfe.", „Wir sollten gemeinsam versuchen, dass ..."*).

Lassen Sie sich auf keine Diskussion über Ihre Unterrichtsmethoden oder die von Kollegen ein. Als Pädagoge liegt es in Ihrer Hand, zu entscheiden, wie Sie den Unterricht gestalten. Sie können den Eltern Gründe für Ihr Handeln aufzeigen, sollten sich aber nicht in Ihrer Fachkompetenz infrage stellen lassen. Wenn Eltern sich bei Ihnen über Kollegen beschweren (berechtigt oder unberechtigt), schlagen Sie ein klärendes Gespräch vor und bieten ggf. Ihre Mithilfe als Moderator an.

4. Von Ihrer Seite bringen Sie Informationen über das aktuelle Notenbild, Lern- und Sozialverhalten des Kindes mit. Fokussieren Sie sich nicht nur auf die Schwächen, sondern teilen den Eltern auch immer etwas Erfreuliches über ihr Kind mit. Das hebt zum einen die Stimmung, sorgt für eine positive Gesprächsatmosphäre und zeigt, dass Sie das Kind differenziert beobachten. Zudem hilft es Ihnen schon bei der Vorbereitung, den positiven Blick zu trainieren. Wenn Sie Probleme ansprechen, vermeiden Sie einen anklagenden Ton, sondern betonen das gemeinsame Interesse von Schule und Elternhaus, das Beste für das Kind zu erreichen: *„Lisa wirkt in letzter Zeit im Unterricht oft so unkonzentriert. Wenn ich sie anspreche, scheint sie mit den Gedanken ganz weit weg zu sein. Haben Sie das zu Hause auch bemerkt?"*

Lassen Sie in Ihre Formulierungen das Wörtchen „noch" einfließen – damit zeigen Sie den Eltern, dass Sie an eine Veränderung/Verbesserung der Zustände glauben: *„Lisa fällt es noch schwer, die Aufgabe im notwendigen Tempo durchzuführen.", „Kevin hat noch Probleme im Zahlenraum bis 100.", „Anton kann sich noch nicht so gut in die Gruppe einfügen."*

5. Wenn es sich aus dem Gespräch ergibt, formulieren Sie gemeinsam mit den Eltern (und ggf. dem Kind) ein bis zwei realistische Zielvereinbarungen (*„Lisa meldet sich pro Unterrichtsstunde mindestens einmal.", „Orhan bringt seine Bücher vollständig mit und zeigt sie jeden Morgen vor Unterrichtsbeginn."*). Halten Sie die Vereinbarungen schriftlich fest und lassen sie durch Unterschreiben der Beteiligten bestätigen. Achtung: Verbindlich werden diese Vereinbarungen erst durch einen zweiten Termin, bei dem Sie gemeinsam den Erfolg der Maßnahmen und Verabredungen überprüfen. (Diese Rückmeldung kann natürlich auch telefonisch erfolgen, wichtig ist aber, dass sie zeitnah, also innerhalb von zwei bis drei Wochen erfolgt.)

6. Fragen Sie abschließend, ob für die Eltern damit alle wichtigen Themen angesprochen wurden und ob sie das Gesagte so verstanden haben. Mit einem Dankeschön für das Erscheinen und die Offenheit beenden Sie das Gespräch mit einer positiven Note.

Rechtzeitig einladen ...

Zum Elternsprechtag wird ca. zehn Tage vor dem eigentlichen Termin schriftlich eingeladen, außerdem steht das Datum in der Jahresübersicht, welche die Eltern in der Regel zu Schuljahresbeginn (oder zu Halbjahresbeginn) erhalten. Eine Formulierungshilfe finden Sie auf der nächsten Seite.

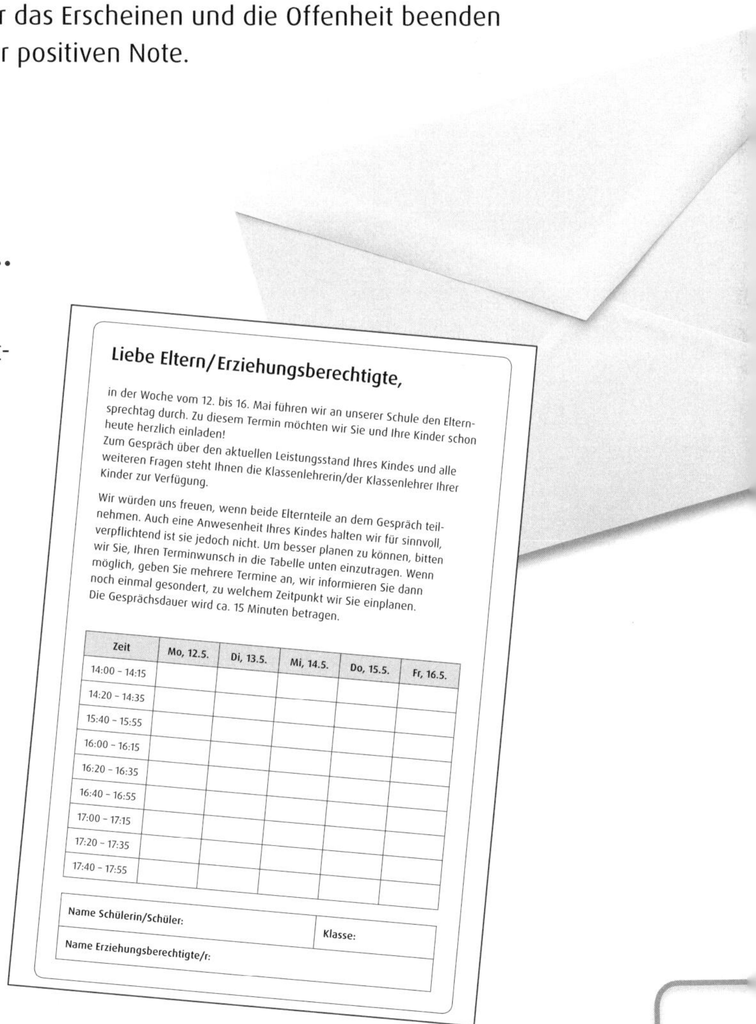

Liebe Eltern/Erziehungsberechtigte,

in der Woche vom 12. bis 16. Mai führen wir an unserer Schule den Elternsprechtag durch. Zu diesem Termin möchten wir Sie und Ihre Kinder schon heute herzlich einladen!
Zum Gespräch über den aktuellen Leistungsstand Ihres Kindes und alle weiteren Fragen steht Ihnen die Klassenlehrerin/der Klassenlehrer Ihrer Kinder zur Verfügung.

Wir würden uns freuen, wenn beide Elternteile an dem Gespräch teilnehmen. Auch eine Anwesenheit Ihres Kindes halten wir für sinnvoll, verpflichtend ist sie jedoch nicht. Um besser planen zu können, bitten wir Sie, Ihren Terminwunsch in die Tabelle unten einzutragen. Wenn möglich, geben Sie mehrere Termine an, wir informieren Sie dann noch einmal gesondert, zu welchem Zeitpunkt wir Sie einplanen. Die Gesprächsdauer wird ca. 15 Minuten betragen.

Zeit	Mo, 12.5.	Di, 13.5.	Mi, 14.5.	Do, 15.5.	Fr, 16.5.
14:00 – 14:15					
14:20 – 14:35					
15:40 – 15:55					
16:00 – 16:15					
16:20 – 16:35					
16:40 – 16:55					
17:00 – 17:15					
17:20 – 17:35					
17:40 – 17:55					

Name Schülerin/Schüler:

Klasse:

Name Erziehungsberechtigte/r:

Beispielbrief zur Terminvereinbarung beim Elternsprechtag

Liebe Eltern/Erziehungsberechtigte,

in der Woche vom 12. bis 16. Mai führen wir an unserer Schule den Elternsprechtag durch. Zu diesem Termin möchten wir Sie und Ihre Kinder schon heute herzlich einladen!
Zum Gespräch über den aktuellen Leistungsstand Ihres Kindes und alle weiteren Fragen steht Ihnen die Klassenlehrerin/der Klassenlehrer Ihrer Kinder zur Verfügung.

Wir würden uns freuen, wenn beide Elternteile an dem Gespräch teilnehmen. Auch eine Anwesenheit Ihres Kindes halten wir für sinnvoll, verpflichtend ist sie jedoch nicht. Um besser planen zu können, bitten wir Sie, Ihren Terminwunsch in die Tabelle unten einzutragen. Wenn möglich, geben Sie mehrere Termine an, wir informieren Sie dann noch einmal gesondert, zu welchem Zeitpunkt wir Sie einplanen.
Die Gesprächsdauer wird ca. 15 Minuten betragen.

Zeit	Mo, 12.5.	Di, 13.5.	Mi, 14.5.	Do, 15.5.	Fr, 16.5.
14:00 – 14:15					
14:20 – 14:35					
15:40 – 15:55					
16:00 – 16:15					
16:20 – 16:35					
16:40 – 16:55					
17:00 – 17:15					
17:20 – 17:35					
17:40 – 17:55					

Name Schülerin/Schüler:	Klasse:
Name Erziehungsberechtigte/r:	

GESPRÄCHSVORBEREITUNG | Beobachtungen Elternsprechtag

Schüler/in:	Klasse:

⇨ **Wissen/Können Mathematik:** ______________________________

⇨ **Wissen/Können Deutsch:** ______________________________

⇨ **Weitere Fächer:** ______________________________

____

⇨ **Arbeitsverhalten:**
(Tempo, Ordnung, Beteiligung, Konzentration etc.)

____

⇨ **Sozialverhalten:**
(Verhalten in der Gruppe, gegenüber Lehrern, Stärken, Auffälligkeiten etc.)

____

____

⇨ **Fördermaßnahmen im Unterricht:**

____

⇨ **Weitere Beobachtungen Lehrkraft:**

____

____

⇨ **Weitere Beobachtungen Eltern:**

____

____

⇨ **Empfehlungen an die Eltern:**

____

____

____

Gespräche „zwischen Tür und Angel"

> Ich wollte nur noch kurz fragen, was ich denn machen kann, weil Lisa doch immer so lange braucht, um die Hausaufgaben fertig zu kriegen, und da dachte ich…

Weit häufiger als bei „geplanten" Beratungsgesprächen suchen viele Eltern den Kontakt bei Begegnungen zwischen Tür und Angel. Gerade in der Grundschule bringen etliche Mütter und Väter ihre Kinder morgens zum Unterricht und holen sie nachmittags wieder ab. Da liegt es nahe, aktuelle Fragen direkt anzusprechen. Auch wenn das für Sie manchmal anstrengend ist – grundsätzlich ist gegen einen kurzen Austausch zwischen Tür und Angel nichts einzuwenden. Im Gegenteil. Auf dem „schnellen Dienstweg" lassen sich viele Fragen klären, die sonst in Vergessenheit geraten. Zudem wächst bei solchen informellen Gesprächen Vertrauen, das eine wichtige Voraussetzung für den guten Kontakt darstellt. Manchmal erhalten Sie hier Informationen über die Familie, die Ihnen bei der Einschätzung eines Kindes gute Dienste leisten. In der Regel beschränken sich Tür-und-Angel-Gespräche aber auf kurze, meist organisatorische Fragen: *„Sollen wir zwei oder drei Euro Kopiergeld mitgeben?", „Ich bringe Lisas Sachkundemappe nachher kurz vorbei, ist das in Ordnung?", „Orhans Großmutter ist gestern gestorben, er ist deswegen ziemlich durcheinander, könnten Sie ein Auge auf ihn haben und mich notfalls anrufen?".*

Wenn Sie diese Gesprächskultur fördern möchten, können Sie ...

- ➜ bereits einige Minuten vor Unterrichtsbeginn im Klassenraum anwesend sein.
- ➜ Eltern mitteilen, dass sie ihre Kinder kurz vor Unterrichtsbeginn (z. B. 15 Minuten) bringen und etwas später abholen können, um Gelegenheit zum kurzen Austausch zu haben.
- ➜ Eltern nonverbal mit einem Lächeln und Kopfnicken oder nach Möglichkeit namentlich begrüßen, wenn Sie sich begegnen.
- ➜ allen Eltern gegenüber gleichermaßen freundlich und aufgeschlossen reagieren.
- ➜ gelegentlich auch die Eltern ansprechen, die beim Holen oder Bringen von sich aus keinen Kontakt suchen, und ihnen etwas Positives zu ihrem Kind erzählen.
- ➜ sich dafür einsetzen, an Ihrer Schule Elterntreffpunkte einzurichten, an denen sich Mütter und Väter gern kurz aufhalten. So begegnen Sie den Eltern immer wieder zwanglos und haben Gelegenheit zum Austausch.
- ➜ an Schulveranstaltungen teilnehmen und auch die Eltern immer wieder aktiv dazu einladen. Je öfter man sich begegnet, desto eher kann Kennenlernen stattfinden.

An Grenzen stoßen Tür-und-Angel-Gespräche, wenn Eltern Probleme klären wollen, die eigentlich in ein Beratungsgespräch gehören, aggressiv werden oder nicht aufhören, zu reden. In all diesen Fällen müssen Sie sich abgrenzen (*„Ich sehe, dass Sie wirklich aufgebracht sind/... dass Ihnen diese Frage sehr wichtig ist. Wir sollten das unbedingt schnell klären, aber hier ist nicht der richtige Zeitpunkt dafür. Können Sie heute Nachmittag um 17:00 Uhr zu mir kommen, damit wir in Ruhe sprechen können? Bis dahin kann ich auch alle Unterlagen zusammensuchen, um Ihnen besser Auskunft zu geben."*). Zeigen Sie den Eltern, dass Sie ihr Anliegen ernst nehmen und sich gern die notwendige Zeit dafür nehmen möchten – damit nehmen Sie selbst wütenden Müttern oder Vätern den Wind aus den Segeln.

Konfliktgespräche

Konflikte gehören zum Leben – selbstverständlich auch in der Grundschule. Unterschiedliche Sichtweisen, Erwartungen, Vorstellungen und Wünsche von Eltern und Pädagogen führen immer wieder zu kleineren oder größeren Meinungsverschiedenheiten. Lisas Mutter glaubt, ihre Tochter werde nicht ausreichend gefördert. Kevins Vater ist überzeugt davon, die anderen Kinder würden seinen Sohn vom Arbeiten abhalten. Piets Mutter wünscht sich ein anderes Lehrbuch für den Mathematikunterricht, weil ihr Neffe das auch benutzt. Lara soll nicht am Sportunterricht teilnehmen, weil ihre türkische Familie das ablehnt.

Auch Ihnen werden immer wieder Punkte auffallen, die Sie gern ändern möchten: Johannas Eltern sollten darauf achten, dass ihre Tochter rechtzeitig zur Schule kommt. Lisa benötigt dringend Förderunterricht, aber die Eltern halten das für überflüssig. Piet erledigt seine Hausaufgaben nicht vollständig und meist zu spät, doch die Eltern unterstützen Ihre Versuche, das zu ändern, in keiner Weise.

Die meisten Konflikte lassen sich auf eine dieser Ursachen zurückführen:

- ➜ Eltern sind unzufrieden und bringen Kritik an, z. B. am Lehrplan, den Unterrichtsmethoden oder der Art, wie ihr Kind von Lehrern, anderen Fachkräften oder Mitschülern behandelt wird.
- ➜ Lehrer beobachten ein irgendwie problematisches Verhalten des Kindes oder der Eltern und möchten das zur Sprache bringen. Dabei kann es sich z. B. um Erziehungsfragen, schulische Leistungen oder Entwicklungsprobleme des Kindes handeln.

Oft lassen sich solche unterschiedlichen Meinungen im Beratungsgespräch oder sogar „zwischen Tür und Angel" klären. Wenn die Atmosphäre stimmt, gegenseitige Wertschätzung und Vertrauen zueinander vorherrschen und bereits eine gute Gesprächskultur vorhanden ist, müssen Meinungsverschiedenheiten auch nicht eskalieren. Sie lassen sich dann „auf dem kurzen Dienstweg" klären oder bleiben eben bestehen – auch wenn Piets Mutter nach wie vor das andere Lehrbuch für besser hält, so vertraut sie der Lehrerin und weiß doch, dass gute Gründe für die andere Wahl sprechen.

Mit der richtigen Einstellung und den passenden Gesprächstechniken lassen sich viele Konflikte in der Grundschule also durchaus meistern. Sie können dann sogar produktiv wirken. Konfliktforscher sagen, eine Gesellschaft ohne Konflikte sei eine tote Gesellschaft – das gilt in gewisser Weise sicher auch für die Schule. Entscheidend ist es also nicht, Konflikte um jeden Preis zu vermeiden, sondern sie richtig auszutragen.

Das Ziel eines Konfliktgesprächs ist es, zu einer einvernehmlichen Lösung zu finden, mit der alle Seiten leben können. Die Lösung kann unter Umständen auch darin bestehen, unterschiedliche Ansichten zu erkennen und als solche stehen zu lassen. Konfliktgespräche sind in der Regel geplante Gespräche, die angesetzt werden, wenn Meinungsverschiedenheiten bereits bekannt sind.

Zeitrahmen und Teilnehmer

An einem Konfliktgespräch nehmen selbstverständlich die Konfliktpartner teil, Kinder sind hier in der Regel nicht anwesend. Wenn die Stimmung schon gereizt ist, ist es sinnvoll, einen Moderator hinzuzuziehen, z. B. Beratungs- oder Klassenlehrer, Schulleitung oder Schulsozialarbeiter. Außerdem wichtig ist die gleiche Anzahl von Gesprächspartnern auf beiden Seiten. Kommen Vater und Mutter, so sollten Sie auch zu zweit sein. Erwarten Sie nur ein Elternteil, so sollte nach Möglichkeit auch nur eine Lehrkraft das Gespräch führen. Andernfalls kommt es schnell zu einem empfundenen Ungleichgewicht der Kräfte, das sich negativ auf die Gesprächsführung auswirken kann. Planen Sie als **Zeitdauer** für das Gespräch 30 bis 45 Minuten ein – wenn sich in dieser Zeit keine Einigung erreichen lässt, so wird das später auch nicht geschehen. Effektiver ist dann ein weiteres Treffen, zu dem alle Seiten ihren Standpunkt noch einmal überdenken können oder neue Informationen vorliegen.

Ablauf und Inhalte

Jedes Konfliktgespräch ist einzigartig. Wie alle Gespräche enthält es jedoch eine Sach- und eine Beziehungsebene. Anders als vielleicht anzunehmen, verdient im Konfliktfall nicht die Sachebene (worum geht es?) die größte Aufmerksamkeit, sondern die Beziehungsebene (wie ist das Verhältnis zwischen den Gesprächspartnern?). Wenn zwei „miteinander können", lassen sich Konflikte meist einvernehmlich lösen oder treten gar nicht erst auf. Andersherum gilt: Wenn die Chemie nicht stimmt, wachsen sich schon kleine Unstimmigkeiten *(z. B. „Lisa sitzt immer bis 17:00 Uhr an den Hausaufgaben, das ist zu viel.")* schnell zum großen Konflikt aus *(„Die Lehrer sprechen sich nicht ab, denen sind die Kinder egal, an anderen Schulen funktioniert das doch auch.")*. Wenn sich die Gesprächspartner verletzt, nicht ernstgenommen oder abgelehnt fühlen, ist eine konstruktive Lösung des Konflikts nicht möglich. Deshalb ist es wichtig, sowohl die eigenen Gefühle zu kennen und im Griff zu haben als auch das Gespräch nach Plan zu führen und nicht in eine Spirale aus Kritik, Abwehr und Abblocken zu geraten. Gegenseitiger Respekt ist gerade im

Konfliktfall das A und O eines gelungenen Gesprächs. Wenn Sie den Eltern wertschätzend und authentisch begegnen, baut das auch im Konfliktfall Vertrauen auf. Die folgenden **Hinweise** helfen Ihnen, das Gespräch auf eine positive Weise zu führen:

1. Gut vorbereitet ins Gespräch

Neben einem gründlichen Blick auf alle Fakten gehören der Perspektivwechsel hin zur Position der Eltern, die Reflexion der eigenen Gefühle und der Austausch über die Situation im Kollegium zur gründlichen Vorbereitunyg. Vergegenwärtigen Sie sich schriftlich die Gesprächsziele und Ihre wichtigsten Argumente. Besorgen Sie außerdem Informationen bzw. Kontaktdaten von Institutionen, Beratungsstellen etc., die Sie den Eltern eventuell zur Verfügung stellen möchten. Bei Verdacht auf Kindeswohlgefährdung wenden Sie sich im Vorfeld an die Schulleitung und besprechen Sie Ihren Verdacht. Sie sollten in diesem Fall schon vor dem Gespräch mögliche Strategien entwickeln, wen Sie hinzuziehen wollen und wie eine mögliche Gefährdung des Kindes vermieden werden kann.

2. Unmittelbar vor dem Gespräch entspannen

Mit Atemübungen, autogenem Training, einem kurzen Spaziergang oder einer Tasse Tee können Sie sich entspannen. Das ist kein Hokuspokus oder geschieht einfach nur so, sondern stellt tatsächlich eine sinnvolle Vorbereitung auf ein schwieriges Gespräch dar. Körperliche Entspannung wirkt sich auch auf den Gemütszustand aus. Wer unter Stress steht, dessen Gehirn schüttet Stresshormone aus, die das rationale Denken erschweren. Entspannung ist deshalb oberste Pflicht vor einem Konfliktgespräch.

ÜBUNG | Die „Ampelübung" zu Entspannung

Die folgende Übung stammt aus der Progressiven Muskelrelaxation und sorgt für eine Entspannung der gesamten Körpermuskulatur. Sie kann regelmäßig mehrmals täglich durchgeführt werden oder zur Entspannung unmittelbar vor einem Konfliktgespräch. Als Erinnerung können in der Wohnung oder am Arbeitsplatz an verschiedenen Stellen rote Punkte (daher die Bezeichnung) angebracht werden, bei deren Anblick die Übung durchgeführt wird.

So führen Sie die Ampelübung durch: Spannen Sie alle Muskelgruppen gleichzeitig an. Beginnend mit den Händen, die zu Fäusten geballt werden, Anspannen der Arm- und Schultermuskulatur, Hochziehen der Schultern, Stirnrunzeln, Nase rümpfen, Lippen spitzen, Zähne aufeinanderbeißen. Dann Kinn auf die Brust ziehen, Bauch einziehen, Gesäß zusammenziehen, Oberschenkel, Unterschenkel und Füße anspannen, Zehen spreizen. Spannung für einige Momente halten. Dann mit der Ausatmung bewusst alles locker lassen. Mit jedem weiteren Atemzug weiter entspannen und dem angenehmen Gefühl nachspüren. Circa zwei Minuten weiter durchführen. Zum Schluss die Hände kurz zu Fäusten ballen, tief durchatmen und die Aufmerksamkeit nach außen richten.

3. Atmosphäre des Willkommenseins

Für eine gute und ungestörte Gesprächsatmosphäre sorgen Sie, indem Sie den Raum sorgfältig vorbereiten, sich bei der Terminplanung an den Bedürfnissen der Eltern orientieren und diese freundlich empfangen. Außerdem hilfreich: Eine Sitzordnung finden, in der sich alle Anwesenden wohlfühlen, und ein Schild „Hier wird gesprochen, bitte nicht stören!" an der Tür anbringen.

4. Dampf ablassen erlaubt

Als Profi ist es Ihnen verwehrt, die Eltern müssen aber in manchen Situationen erst einmal „Dampf ablassen". Oft ist das zu Beginn des Konfliktgesprächs der Fall. Wenn Sie das wahrnehmen, hören Sie zunächst einfach aufmerksam zu, ohne direkt auf beleidigende oder heftige Äußerungen einzugehen. Jetzt zu widersprechen oder eigene Argumente einzubringen, hat sowieso keinen Zweck. Ihr Gegenüber kann sich auf eine sachliche Unterhaltung zu diesem Zeitpunkt gar nicht einlassen. Auch mit wertschätzenden Bemerkungen (*„Ich bin froh, dass ich mit Ihnen jetzt offen über diese Situation sprechen kann."* oder *„Ich weiß es zu schätzen, dass Sie bereit sind, mit mir nach einer Lösung zu suchen."*) entspannen Sie die Situation. Lob und Anerkennung wirken Abwehr und Widerstand direkt entgegen, müssen aber natürlich ernst gemeint sein. Danach kommen Sie direkt zum Punkt – im Konfliktgespräch wird auf freundlichen Small Talk verzichtet. Betonen Sie aber immer wieder deutlich, dass es Ihnen um das Wohlergehen des Kindes geht, und versuchen Sie, die Eltern mit ins Boot zu holen. Wenn es gelingt, dass Sie gemeinsam nach einer Lösung suchen, statt sich gegenseitig zu beschuldigen, verläuft das Konfliktgespräch konstruktiv.

5. Das innere Drehbuch umschreiben

Auch wenn es im Konfliktfall nicht leichtfällt – versuchen Sie, die Eltern nicht als Gegner zu sehen. Mit der Einstellung von „wir" und „die" kommen Sie im Konfliktfall kaum zu einer einvernehmlichen Lösung. Wahrscheinlicher ist ein Machtkampf, der damit endet, dass einer klein beigeben muss, ein Eskalieren des Konflikts oder ein Zurückziehen ohne Konfliktlösung. Alle drei Möglichkeiten sind unausweichlich mit einem Gesichtsverlust einer Partei verbunden und führen zu einer vergifteten Atmosphäre, die Ihre Arbeit auf lange Dauer behindert. Das innere Drehbuch umzuschreiben, bedeutet ein Umdenken hin zu einer veränderten Einstellung den Eltern gegenüber. Nehmen Sie Eltern und ihre Gefühle, Einwände und Beschwerden ernst, auch wenn Sie nicht mit ihnen übereinstimmen. Dabei können innere Motivationssprüche helfen: *„Ich nehme das nicht persönlich."*, *„Ich bin ganz ruhig."* oder *„Die Mutter will nur das Beste für ihr Kind."*

ÜBUNG | **Inneres Drehbuch umschreiben**

Es ist schwierig, aus negativen Äußerungen und Gedanken positive zu machen. Mit etwas Übung gelingt es aber immer besser. *„Die Mutter ist so anstrengend und textet mich jeden Tag zu"* ist negativ und abwertend. *„Sie will das Beste für Ihr Kind und sucht die Bestätigung, dass ich mich gut um das Kind kümmere"* ist eine positive Beschreibung derselben Situation. Damit gelingt es Ihnen leichter, eine konstruktive Lösung zu erreichen. Trainieren Sie die Fähigkeit zum positiven Blick und formulieren Sie folgende Aussagen positiv:

- → *„Ihr Sohn stört das Arbeitsklima in der Klasse."*
- → *„Wenn Sie Marie nicht logopädisch fördern lassen, dann ..."*
- → *„Mit Ihren Erziehungsmethoden verstärken Sie das Problem noch."*
- → *„Paul ist entwicklungsverzögert."*
- → *„Wir erwarten mehr Kooperation von unseren Eltern."*

(Lösungsvorschläge finden Sie auf S. 160)

6. Gefühle nicht unter den Tisch kehren

„Immer sachlich bleiben", lautet oft der Rat in kritischen Gesprächssituationen. Das ist insofern wichtig, als Sie natürlich nicht selbst mit Anschuldigungen, emotionalem Verhalten, wie Schmollen, Polemik, Lächerlichmachen o. Ä., das Gespräch in eine destruktive Richtung lenken sollen. Andererseits sind Gefühle im Konfliktfall allgegenwärtig. Wir fühlen uns angegriffen, haben Angst, sind wütend oder traurig.

Diese Gefühle anzusprechen, kann hilfreich sein, um den Eltern zu zeigen, dass Sie ihre Situation verstehen *(„Ich kann verstehen, dass Sie ärgerlich sind.", „Ich höre aus ihren Äußerungen ganz viel Sorge um ihr Kind heraus.")*. Auch ein klarer Blick auf die eigenen Gefühle verhindert ein Aufschaukeln des Gesprächs.

7. Auf die Körpersprache achten

Zurücklehnen, kippeln, zur Decke schauen, mit den Füßen scharren, auf dem Stuhl herumrutschen, in die Haare oder ins Gesicht fassen, Hände ringen – all das sind körpersprachliche Anzeichen, die Ihnen zeigen, dass Ihr Gegenüber sich unwohl fühlt. Sprechen Sie diesen Eindruck an *(„Sollen wir hier mal eine kurze Pause machen?")* oder sorgen Sie für eine Pause im Gespräch *(„Ist es Ihnen recht, wenn ich das Fenster kurz öffne?")*. Achten Sie auch auf Ihre eigene Körpersprache und senden Sie bewusst Signale von Offenheit und Interesse (vorbeugen, nicken, lächeln, sich dem anderen zuwenden).

8. Wertschätzung zeigen

Nachfragen, loben, Wertschätzung äußern, Kompetenz der Eltern als Experten fürs eigene Kind anerkennen, Zeit lassen, verstehen wollen, Äußerungen zusammenfassen *(„Ihr Standpunkt ist also, dass ...", „Habe ich Sie richtig verstanden, dass Sie ...")* betonen, dass man das Kind mag und die Eltern ernst nimmt. Wenn beide Eltern zum Gespräch erschienen sind, beziehen Sie beide gleichermaßen ein *(„Frau Müller, Sie haben dazu noch gar nichts gesagt. Was denken Sie denn, was das Beste für Anna wäre?")*. Sie kommunizieren dann auf Augenhöhe und kommen so eher zu einer Lösung, die beiden Seiten entspricht.

Viele Eltern wünschen sich, dass Sie sehen und anerkennen, was sie in ihrer Erziehungsarbeit leisten bzw. bisher schon geleistet haben. Bleibt diese Anerkennung aus oder signalisiert die Lehrkraft, dass die Eltern versagt haben, reagieren die Eltern leicht mit Rückzug, Leugnen oder Widerstand.

9. Positiv, aber konsequent sein

Konflikte ließen sich natürlich umgehen, wenn Sie immer nachgeben oder sich auf die Sichtweise des anderen einstellen würden. Das ist aber weder wünschenswert noch möglich. Wenn es um das Kind geht, wenn Sie einen festen, gut begründeten Standpunkt haben, dann bleiben Sie auch dabei. Wenn Sie beobachten, dass Kinder Probleme haben, dass Eltern inakzeptables Verhalten zeigen oder Probleme leugnen, müssen Sie freundlich, aber konsequent sein. Vermeiden Sie aber Anschuldigungen und Verallgemeinerungen und schildern Sie konkrete Situationen aus der eigenen Perspektive (*„Letzte Woche hatte Julian 3-mal kein Frühstück dabei. Das macht mir Sorgen, weil er ohne Frühstück nicht konzentriert arbeiten kann. Darunter leiden seine Noten, aber es geht ihm auch seelisch nicht gut.“*).

10. Gemeinsame Lösung finden

Im Idealfall finden Sie gemeinsam mit den Eltern eine Lösung des Konflikts. Das wird oft ein Kompromiss sein, mit dem beide Seiten leben können. Eine offene und wertschätzende Haltung ist dafür jedenfalls eine gute Voraussetzung. Manchmal lässt sich aber auf die Schnelle keine Lösung finden. Dann ist es sinnvoll, das Gespräch zu vertagen und zu einem späteren Zeitpunkt nach einer Lösung zu suchen. Auch das Hinzuziehen eines externen Streitschlichters ist eine Option, wenn die Seiten verhärtet sind und gegenseitiges Misstrauen eine Lösung unmöglich erscheinen lässt. Schließlich kann es auch sein, dass es keine Lösung gibt – dann bleiben entweder die unterschiedlichen Sichtweisen bestehen oder schlimmstenfalls muss sich die Familie mit dem Gedanken an einen Schulwechsel vertraut machen. Sollten Sie jedoch eine Lösung gefunden haben, so teilen Sie die Freude darüber mit den Eltern (*„Ich bin wirklich erleichtert, dass ...“*) und beenden Sie das Gespräch mit einem herzlichen Dank für die konstruktive Mitarbeit.

Die fünf Phasen des Konfliktgesprächs

Was?	Wie?
1 **Begrüßen/ Atmosphäre schaffen**	⇨ *inhaltlich und mental gut vorbereiten* ⇨ *Eltern nicht warten lassen* ⇨ *angenehme Gesprächsatmosphäre schaffen* ⇨ *höfliche Begrüßung* ⇨ *ohne Small Talk zur Sache kommen* ⇨ *Gesprächsanlass benennen, ohne zu werten oder für jemanden Partei zu ergreifen* ⇨ *falls nötig, Raum geben, um Dampf abzulassen* ⇨ *den anderen nicht als Gegner sehen, sondern sich auf die Inhalte konzentrieren und gemeinsame Interessen (das Wohlergehen des Kindes!) suchen*
2 **eigenen Standpunkt darstellen**	⇨ *Situation aus der eigenen Perspektive schildern* ⇨ *Ich-Botschaften verwenden, keine Vorwürfe* ⇨ *keine Gegenangriffe oder andere Abwehrreaktionen* ⇨ *eigene Gefühle wahrnehmen und ggf. ansprechen, auf eigene Körpersignale achten* ⇨ *sich nicht einschüchtern oder beleidigen lassen* ⇨ *dem Gegenüber grundsätzliche Akzeptanz entgegenbringen und das auch ausdrücken*
3 **Standpunkt des anderen einholen**	⇨ *das Gegenüber mit offenen Fragen anregen, seine Sicht der Dinge zu schildern* ⇨ *erst einmal nicht widersprechen oder unterbrechen, auch wenn Sie sich falsch verstanden fühlen oder Fakten falsch dargestellt werden* ⇨ *versuchen, zu verstehen, worum es dem anderen geht* ⇨ *Gehörtes zusammenfassen („Ich verstehe Sie so, dass Sie ...“, „Trifft das zu?“)* ⇨ *Gefühle des anderen in Worte fassen*
4 **Dialog/ gemeinsame Lösung finden**	⇨ *Lösungen suchen und notieren, die beiden Parteien entsprechen* ⇨ *eigenen Standpunkt vertreten* ⇨ *Bedürfnisse des Gegenübers berücksichtigen* ⇨ *Zwischenergebnisse festhalten* ⇨ *beim Thema bleiben* ⇨ *Lösungen müssen von den Eltern gewollt werden* ⇨ *keine Gewinner-Verlierer-Lösung akzeptieren, stattdessen nach „Win-win-Lösungen“ suchen*
5 **konkrete Vereinbarungen treffen**	⇨ *konkrete Vereinbarungen treffen* ⇨ *Zeitplan festlegen* ⇨ *Ergebnis zusammenfassen, Einverständnis der Eltern geben lassen* ⇨ *Gesprächsprotokoll durch beide Seiten unterschreiben lassen* ⇨ *Ergebnis würdigen*

Helferkonferenz

Stoßen Beratungsgespräche mit den Eltern an ihre Grenzen oder ist ein möglichst schnelles Eingreifen angebracht, an dem auch Fachkräfte teilnehmen sollten, finden in der Grundschule gelegentlich auch Gespräche statt, an denen zusätzlich zu Eltern und Lehrkräften noch weitere Partner teilnehmen. Ob von einer Helferkonferenz (in der Regel ohne Beteiligung der Eltern) oder einer Hilfekonferenz bzw. einem „Runden Tisch" gesprochen wird (mit Teilnahme der Eltern), bei diesen Terminen verständigen sich mehrere Beteiligte über geeignete Unterstützung, Hilfen zur Erziehung und Fördermaßnahmen.

Dabei kann es sich z. B. handeln um ...

- → Eltern,
- → Klassenlehrer,
- → Beratungslehrer,
- → Schulsozialarbeiter,
- → Schulpsychologen,
- → Vertreter des Jugendamts bzw. vom Jugendamt beauftragte Leistungserbringer,
- → Vertreter von Beratungsstellen (z. B. Frühförderung o. a.),
- → Therapeuten oder sonstige beteiligte Spezialisten.

Nicht immer nehmen die Eltern oder Erziehungsberechtigten an dem Gespräch teil, in einigen Situationen kann es zielführender sein, wenn sich Vertreter verschiedener Institutionen zunächst über mögliche Wege der Hilfe und Unterstützung abstimmen und die Eltern erst im zweiten Schritt einbeziehen. In jedem Fall sollte vor dem Einberufen eines solchen Termins die schulinterne Klärung stehen.

Zweck einer Helfer- oder Hilfekonferenz ist es, alle Beteiligten auf den gleichen Informationsstand zu bringen. Im Vergleich zu Gesprächen einzelner Beteiligter untereinander hat dieses Verfahren den großen Vorteil, dass Informationsverluste vermieden werden und der Beratungsprozess schneller und eindeutiger durchgeführt werden kann. Zudem werden interne Absprachen, Bündnisse, ein Gegeneinander-Ausspielen vermieden. Schließlich werden auch die Eltern im Idealfall in ihrer Kompetenz gestärkt, nämlich dann, wenn es gelingt, sie als gleichberechtige Gesprächspartner in die Runde einzubeziehen. Zur Ergebnissicherung sollte ein Gesprächsprotokoll angefertigt werden, das im Anschluss allen Anwesenden zugeschickt wird.

Ablauf und Zeitrahmen

Der Ablauf einer Helferkonferenz oder eines Runden Tisches unter Beteiligung der Eltern nimmt auf die besondere Konstellation mit mehreren Teilnehmern Rücksicht. Besonders wichtig ist eine Moderation, die auf die Einhaltung der Redezeiten und Gesprächsregeln (z. B. respektvoller Umgang, einander ausreden lassen) und die Beteiligung aller Anwesenden achtet. Hilfreich ist auch ein Visualisieren der wichtigsten Inhalte (z. B. am Flipchart), um Zwischenergebnisse festzuhalten und den Ablauf des Gesprächs für alle Teilnehmer transparent zu gestalten.

In diesen Schritten wird das Gespräch geführt:

- ➜ Begrüßung,
- ➜ auf Vertraulichkeit hinweisen,
- ➜ alle Anwesenden mit Name und Funktion vorstellen,
- ➜ bekannte Fakten aus Sicht der Beteiligten benennen (reihum, beginnend mit den Angehörigen, falls sie teilnehmen),
- ➜ mögliche Ursachen benennen und analysieren,
- ➜ Ziel bestimmen (Leitfrage kann sein: *„Was benötigt das Kind, um erfolgreich lernen und arbeiten zu können?"*),
- ➜ nach konkreten Maßnahmen suchen,
- ➜ nächste Schritte konkretisieren und terminlich fixieren,
- ➜ Erfolgskontrolle und Zeitrahmen festlegen,
- ➜ Konsequenzen aus Erfolg und Misserfolg festlegen,
- ➜ nächsten Gesprächstermin und notwendige Teilnehmer festlegen,
- ➜ wertschätzender Abschluss und Verabschiedung.

Gerade weil oft mehrere Gesprächspartner teilnehmen, kommt dem **Zeitrahmen** besondere Bedeutung zu. Nichts ist frustrierender als ein Mammutgespräch ohne greif- und überprüfbare Ergebnisse. Legen Sie deshalb gleich zu Beginn den Zeitrahmen eindeutig fest (eventuell schon in der Einladung). Ideal ist ein Zeitrahmen von ein bis maximal zwei Stunden, je nach Anzahl der Beteiligten. Auch die Gesprächsleitung sollte eindeutig geklärt sein. Als Gastgeber fällt vermutlich Ihnen diese Rolle zu. Indem Sie gleich zu Beginn auf Ihre Doppelrolle hinweisen, sorgen Sie auch bei den übrigen Anwesenden für Klarheit und unterstreichen gleichzeitig Ihre Kompetenz als Gesprächsführung und Moderator. (*„Bevor wir beginnen, möchte ich noch darauf hinweisen, dass ich heute eine Doppelrolle einnehme. Zum einen spreche ich als Klassenlehrer von Lisa und berichte Ihnen von meinen Beobachtungen. Zum anderen werde ich unser Gespräch moderieren und darauf achten, dass alle Anwesenden zu Wort kommen, dass wir unseren Zeitrahmen einhalten und auch das gemeinsame Ziel, Maßnahmen gegen Lisas Schulangst zu finden, nicht aus den Augen verlieren."*)

Tauchen Schwierigkeiten auf, z. B. weil jemand zu viel oder zu wenig redet oder Gesprächsregeln verletzt werden, gibt Ihnen das die Erlaubnis, die inhaltliche Ebene zu verlassen und sich in die Meta-Ebene einzuschalten (*„Als Moderator möchte ich jetzt noch einmal Frau Meier bitten, aus ihrer Sicht als Mutter zu sagen, wo sie die nächsten sinnvollen Schritte sieht."*).

Ideal ist eine solche Doppelrolle nicht. Wenn möglich, sollte eine nicht direkt beteiligte Person die Moderation übernehmen.

Stolperstein

Nicht über die Eltern, sondern mit ihnen reden

Der große Vorteil der Helferkonferenz, alle Beteiligten an einen Tisch bringen zu können, stellt gleichzeitig die größte Herausforderung dar. Je mehr institutionelle Vertreter anwesend sind, desto größer ist ihre Übermacht im Vergleich zu den Eltern. Wenn zwei oder sogar nur ein Erziehungsberechtigter einer Überzahl von Gesprächspartnern gegenübersitzt, kann sich leicht ein Gefühl des Ausgeliefertseins einstellen, das einen vertrauensvollen Austausch erschwert oder im schlimmsten Fall ganz verhindert. Daher ist es bei diesen Gesprächen oberste Pflicht, akribisch auf die Verteilung der Redezeit zu achten und dabei etwa 40 % der Redezeit für die Eltern zu reservieren. Auf keinen Fall darf ein Gespräch, an dem die Erziehungsberechtigten teilnehmen, zum Gespräch über die Familie ausarten. Es muss immer gewährleistet bleiben, dass es sich vielmehr um ein Gespräch mit den Eltern handelt.

Gesprächsstrategien für den Notfall

Fast alle Elterngespräche, die in der Grundschule geführt werden, verlaufen friedlich, konstruktiv und einvernehmlich. Dafür sorgen nicht zuletzt Sie als Gesprächsleitung. Dennoch kann es vorkommen, dass Sie aus dem Tritt kommen und sich an die Wand gedrängt, hilflos oder ärgerlich fühlen. Mit den folgenden Gesprächsstrategien begegnen Sie solchen „Kommunikations-Notfällen".
Kurz und knapp zusammengefasst, erfahren Sie auf den nächsten Seiten, was Sie tun können, wenn ...

- **ein Elternteil Sie beleidigt, anschreit oder bedroht,**
- **Eltern weinen,**
- **Eltern schweigen,**
- **Eltern nicht aufhören, zu reden,**
- **Eltern sich bei Ihnen über Kollegen beschweren.**

NOTFALL 1 | Wenn Eltern Sie angreifen

Eine große Sorge vieler Pädagogen ist der richtige Umgang mit aggressiven und wütenden Eltern. Kein Wunder – die meisten von uns vermeiden Auseinandersetzungen lieber. Gerade im beruflichen Alltag fällt es zudem vielen Menschen schwer, auf Vorwürfe, aggressive Fragen oder persönliche Angriffe angemessen zu reagieren. Oft sind wir von einer wütenden Ansprache schlicht überrascht und schalten nicht schnell genug. Oder wir wollen die Situation nicht eskalieren lassen und wiegeln deshalb ab. Zum Glück handelt es sich bei solchen Situationen eher um Ausnahmen als um die Regel. Für den Fall, dass Ihnen doch einmal ein Gegenüber „dumm kommt", stehen verschiedene Reaktionsmöglichkeiten zur Verfügung – welche angemessen ist, richtet sich selbstverständlich immer nach der individuellen Situation, Ihrer Person und aktuellen Befindlichkeit.

Nicht jeder Mensch reagiert zu jeder Zeit gleich auf eine Situation. Was Sie mit einem Lächeln abtun, ordnet Ihre Kollegin vielleicht als Grenzüberschreitung ein. Verlassen Sie sich daher grundsätzlich auf Ihr Gefühl und reagieren entsprechend, wenn Sie einen Angriff wahrnehmen, der für sie nicht akzeptabel ist. Bewahren Sie sich auf der anderen Seite Ihre Gelassenheit, auch wenn andere dafür kein Verständnis aufbringen. So können Sie auf Angriffe reagieren:

→ **Vorwürfe ignorieren und auf der Sachebene reagieren**
Manchmal ist es sinnvoll, auf den beleidigenden Unterton oder eine Unterstellung gar nicht direkt einzugehen. Wenn Mütter oder Väter Ihnen Vorwürfe machen (*„Sie interessieren sich doch gar nicht für Jonas. Nur weil er ... haben Sie ihn doch sowieso von Anfang an abgestempelt."*), antworten Sie deshalb sachlich und versuchen, den Vorwurf zu klären (*„Sie sind verärgert, weil Sie glauben, ich schätze seine Fähigkeiten falsch ein?"*). Versuchen Sie, Verallgemeinerungen (z. B. immer, nie, jedes Mal etc.) durch Nachfragen zu konkretisieren (*„Woran machen Sie Ihren Eindruck denn konkret fest?"*) und drücken Sie Ihre ehrliche Bereitschaft aus, den Punkt zu beiderseitiger Zufriedenheit zu klären (*„Ich will Sie zu nichts überreden. Mir geht es um Jonas, genau wie Ihnen. Ich möchte Ihnen mit meinen Beobachtungen einfach helfen, zu einer guten Entscheidung für ihn zu kommen. Letztlich liegt die Wahl der Schule aber selbstverständlich bei Ihnen."*).

→ **Persönliche Angriffe zurückweisen**
Wenn Eltern Sie persönlich angreifen oder beleidigen (*„Sie dumme Kuh, Sie haben ja keine Ahnung!"*) lassen Sie sich nicht überrumpeln oder erschrecken. Vielleicht warten Sie einfach kurz ab, ob die Eltern von sich aus wieder zu einem angemessenen Ton zurückfinden, nachdem sie etwas „Dampf abgelassen" haben. Sollte das nicht der Fall sein, machen Sie deutlich, dass Sie das Gespräch in diesem Ton nicht führen möchten (*„Bitte lassen Sie uns bei der Sache bleiben. Ich bin gern bereit, mit Ihnen über ... zu sprechen und Ihnen meinen Standpunkt zu erläutern, wir ziehen ja beide an einem Strang. Wenn Sie so laut werden, fühle ich mich aber in meiner Person angegriffen."*).

→ **Aggressions-Spirale vermeiden!**
Achten Sie bei Ihrer Reaktion darauf, die Auseinandersetzung nicht durch Gegenangriffe (*„Was fällt Ihnen ein!"*) oder Beleidigungen (*„Das muss ich mir ausgerechnet von Ihnen nicht sagen lassen!"*) weiter eskalieren zu lassen. Damit setzen Sie schnell eine Spirale aus Angriff und Gegenangriff in Gang, die erfahrungsgemäß in eine inhaltliche Sackgasse führt. Stattdessen können Sie erst einmal Zeit gewinnen (2- bis 3-mal tief ein- und ausatmen) und dann möglichst ruhig antworten.

→ **Verständnis zeigen**
Um Spannung abzubauen, ist es manchmal hilfreich, Verständnis für die Situation des Gegenübers zu zeigen, ohne sich gleichzeitig zu entschuldigen oder sich inhaltlich zu positionieren. Indem Sie Vorwürfe nicht gleich zurückweisen oder auf einen Angriff mit einem Gegenangriff oder Gesprächsabbruch reagieren,

nehmen Sie Ihrem wütenden Gegenüber den Wind aus den Segeln und eröffnen einen Weg, die Unterhaltung auf einer konstruktiven Ebene weiterzuführen (*„Ich sehe, dass Sie wirklich sehr wütend sind. Ich kann das auch nachvollziehen, die Situation ist nicht angenehm für Sie. Lassen Sie uns konkret schauen, was vorgefallen ist und wie wir gemeinsam zu einer guten Lösung kommen. Worauf beziehen Sie sich genau, wenn Sie sagen, ich hätte keine Ahnung?"*).

Besonders wenn Ihnen gar nicht richtig klar ist, was den Zorn Ihres Gesprächspartners ausgelöst hat, zeigen Sie Verständnis durch Nachfragen, statt sich automatisch zu verteidigen oder den Vorwurf abzuwehren. In der ersten „Hitze des Gefechts" übertreiben viele Menschen den Anlass ihres Wutausbruchs, dann wird durch Nachfragen der Ton sachlicher und das eigentliche Problem lässt sich identifizieren. Verwenden Sie Signalwörter wie „konkret" oder „genau" – nur mit greifbaren Argumenten lässt sich eine Lösung herbeiführen (*„Ich bin, ehrlich gesagt, gerade ziemlich erschrocken über Ihren Ärger. Wenn Sie so heftig werden, fühle ich mich auch persönlich angegriffen. Ich möchte aber gern verstehen, worüber genau Sie so ärgerlich sind, damit wir gemeinsam eine gute Lösung finden. Können Sie mir noch einmal ganz konkret erklären, worum es Ihnen genau geht?"*).

Auch wenn Mütter oder Väter Sie persönlich angreifen, geht es oft nicht um Sie als Person. Hinter der Aggressivität stecken vielmehr meist Sorge und Angst um das Kind. Wenn Sie sich diese Gefühle vergegenwärtigen, fällt es Ihnen leichter, nicht gekränkt, eingeschüchtert oder wütend auf aggressive Eltern zu reagieren. Machen Sie sich auch immer wieder Ihren Handlungsspielraum bewusst: als Gesprächsleitung und Pädagogik-Profi liegt es zum Großteil in Ihrer Hand, Beratungsgespräche kooperativ und auf Augenhöhe zu führen.

NOTFALL 2 | Wenn Eltern weinen

Es kommt immer wieder vor, dass Sie im Elterngespräch mit heftigen Gefühlen konfrontiert werden. Tatsächliche oder empfundene Probleme mit ihren Kindern nehmen Eltern oft auf einer sehr persönlichen, emotionalen Ebene auf. Im Gespräch kann es dann durchaus passieren, dass sich diese Gefühle Bahn brechen und Mütter oder gelegentlich auch Väter weinen. Als Gesprächspartner sind Sie dann vielleicht erschrocken oder fühlen sich regelrecht überrollt von den Emotionen.

Auch wenn Tränen im Gespräch eine ungewohnte und vielleicht sogar eine erschreckende Situation darstellen, machen Sie sich bewusst, dass es als Vertrauensbeweis gelten kann, wenn Eltern sich Ihnen gegenüber so weit öffnen. Selbst wenn Sie (verständlicherweise) verunsichert sind, versuchen Sie daher nicht, sofort reflexartig die Emotionen zu unterbinden! Reaktionen wie Herunterspielen *(„So schlimm ist es ja nun auch nicht!")*, Trösten *(„Das wird schon wieder.")*, Nicht-ernst-Nehmen *(„Weinen Sie jetzt etwa?")* oder eigene Erfahrungen anbringen *(„Genauso habe ich mich auch gefühlt, als ...")* erfüllen zwar vielleicht den Zweck, die Situation zu beenden und zu „normalisieren". Damit ist aber in erster Linie Ihnen selbst gedient, Ihrem Gegenüber helfen Sie damit nicht. Besser ist es in einer solchen Situation, wenn Sie die Gefühle zulassen und ihnen zunächst Raum gewähren. Damit zeigen Sie im Übrigen auch Ihre Kompetenz als Gesprächsleitung. Reichen Sie ein Taschentuch und signalisieren Sie, dass es o.k. ist, wenn Eltern weinen. In der Regel endet ein solcher Ausbruch schnell wieder. Danach geht es den Eltern oft besser und sie sind dankbar für die Erleichterung. Anschließend können Sie, wenn Sie sich damit selbst wohlfühlen, das Gefühl ansprechen und versuchen, gemeinsam eine Lösung zu finden *(„Das geht Ihnen jetzt sehr nahe. Wollen Sie darüber sprechen, warum Ihnen die Lernschwierigkeiten Ihres Sohnes so zu schaffen machen?")*. Versuchen Sie, dabei immer die Handlungsfähigkeit der Eltern zu betonen und auch auf vorhandene Ressourcen und eine Problemlösung hinzuweisen, ohne die Situation zu beschönigen. Das geschieht am besten durch Fragen: *„Was würde Ihnen jetzt helfen?"*

Es ist auch für erfahrene Gesprächsprofis nicht einfach, sich zurückzunehmen und Gefühle im eigentlich professionellen Gespräch auszuhalten. Denken Sie aber daran, dass Ihre Anteilnahme den Betroffenen oft mehr hilft als gute Ratschläge *(„Haben Sie denn schon einmal daran gedacht ...")*, die dann doch nicht befolgt werden. Indem Sie zuhören und Emotionen zulassen, statt sie möglichst schnell unter den Teppich zu kehren, machen Sie deutlich, dass Sie die Eltern unterstützen und ihnen helfen möchten. Setzen Sie sich aber nicht unter den Druck, für alle Schwierigkeiten eine Lösung zu finden, auch wenn Ihnen die Eltern sehr leidtun. Bei aller Anteilnahme sind Sie nicht dafür zuständig, jedes Problem zu lösen. Wichtig ist es dagegen, dass Sie einen guten fachlichen Überblick haben, welche Hilfsangebote, Organisationen etc. für die meisten Probleme des Familienlebens in Ihrer Region zu Verfügung stehen.

NOTFALL 3 | Wenn Eltern schweigen

Während bei manchen Eltern die Worte sprudeln und Sie innerhalb kurzer Zeit „auf einer Wellenlänge" sind, halten sich andere sehr zurück. Wenn Gesprächspartner sehr verschlossen sind und kaum etwas sagen, verunsichert uns das. Dabei muss Schweigen keine Ablehnung bedeuten, sondern kann ganz unterschiedliche **Ursachen** haben:

- Vielleicht sind Sprachprobleme die Ursache für das passive Verhalten der Eltern.
- Vielleicht besteht ein allgemeines Misstrauen allen Vertretern von „Obrigkeit" oder „Behörde" gegenüber.
- Manchmal fühlen sich Eltern auch ausgegrenzt und haben den Eindruck, man sei an ihnen nicht ausreichend interessiert. Der Rückzug in die Sprachlosigkeit ist dann eine Art Trotzreaktion.
- Auch das Gefühl der Überforderung kann einen Rückzug auslösen.

Wenn Eltern den Kontakt mit der Schule verweigern, wenn sie Gesprächsangebote nicht wahrnehmen, Termine ausfallen lassen oder im Gespräch passiv und desinteressiert auftreten, sollten Sie versuchen, die Ursache dafür zu ergründen.
Oft steckt hinter einem zurückhaltenden Verhalten keine bewusste Verweigerung, sondern Unsicherheit. Zeigen Sie daher ganz bewusst immer wieder Interesse und machen Gesprächsangebote, ggf. auch telefonisch oder als Hausbesuch.

Sprachprobleme

Wenn Sie vermuten, dass Schwierigkeiten mit der deutschen Sprache der Grund für das Schweigen der Eltern sind, bemühen Sie sich um eine deutliche und langsame Sprechweise, um es den Eltern zu erleichtern, Ihren Worten zu folgen. Im Gespräch hilft die Hinzunahme von Bildern, Arbeitsblättern, Büchern, Tafelbildern o. Ä., um Zusammenhänge deutlich zu machen. Betonen Sie auch Ihren Wunsch, mehr über das Kind und den Hintergrund (auch die Kultur) zu erfahren. Ehrliches Interesse ist entwaffnend und zeigt den Eltern, dass Sie an ihnen und vor allem an ihrem Kind interessiert sind.

Weitere Tipps für Gesprächssituationen mit Nicht-Muttersprachlern:

- schriftliche Einladung zum Elterngespräch und anderen Anlässen doppelsprachig oder nur in der Muttersprache (vgl. Medientipps S. 160)
- ausreichend Zeit einplanen,
- langsam und deutlich sprechen,
- einfache Wörter und kurze Sätze verwenden,
- Wichtiges mehrfach wiederholen,

- → immer wieder nachfragen, ob das Gesagte verstanden wurde, ggf. Dolmetscher hinzuziehen,
- → auf positives Feedback zum Kind achten, um Vertrauen aufzubauen,nach Möglichkeit wichtige Informationen in den am häufigsten vertretenen Muttersprachen schriftlich bereithalten (z. B. über weiterführende Schulen, Notensystem, Klassenfahrten),
- → selbst Informationen über kulturelle Besonderheiten sammeln, um ungewohnte Verhaltensweisen besser einordnen zu können,
- → sich in die Situation der Eltern versetzen und Geduld haben. Sprachschwierigkeiten, mögliche Probleme mit deutschen Behörden und Unsicherheiten dem Bildungssystem gegenüber kommen bei Ihnen vielleicht als Abwehr an, haben aber unter Umständen ganz andere Ursachen.

Unterschiede kennen und akzeptieren

Viele Eltern aus anderen Kulturkreisen sprechen ausgezeichnetes Deutsch. Verständigungsprobleme treten hier vielleicht an anderer Stelle auf – wenn kulturelle Hintergründe und Wertvorstellungen das gegenseitige Verständnis erschweren. So müssen Sie damit rechnen, dass Eltern aus fremden Kulturkreisen das deutsche Bildungssystem nicht kennen und deshalb falsche Erwartungen oder Vorbehalte haben oder andere Vorstellungen von Erziehung haben als deutsche Eltern.

Für die Kommunikation nicht nur mit fremdsprachigen Eltern ist es unabdingbar, dass Sie offen und respektvoll in die Elterngespräche gehen. Je besser Sie verstehen, aus welchem Grund Eltern bestimmte Verhaltensweisen an den Tag legen, desto besser für das gegenseitige Verhältnis. Am besten beginnen Sie mit diesem wichtigen Austausch so früh wie möglich. Versuchen Sie, zu erfahren, wie gut die Sprachkenntnisse der Erziehungsberechtigten sind, aus welchem Kulturkreis die Familie stammt und welche Erwartungen an die Schule bestehen.

Informieren Sie sich außerdem selbst über Besonderheiten anderer Kulturen und hinterfragen Sie die Reaktionen Ihrer Gesprächspartner, bevor Sie zu voreiligen Schlüssen kommen! So sollte ein Lehrer den Körperkontakt mit einer muslimischen Mutter von sich aus nicht initiieren – auch nicht beim Händeschütteln. Aktenordner, in denen Sie Ihre Beobachtungsbögen abheften, können unangenehme Assoziationen zu deutschen Behörden wachrufen und für Misstrauen sorgen. Frauen aus muslimischen Familien treffen Entscheidungen manchmal erst nach Absprache mit ihrem Mann oder der erweiterten Familie. In diesem Fall sollten Sie nicht enttäuscht sein, wenn getroffene Vereinbarungen erst nach einer gewissen Zeitdauer oder sogar überhaupt nicht umgesetzt werden. Generell sollten bei beiden anwesenden Elternteilen auch beide ins Gespräch einbezogen werden. Akzeptieren Sie aber auch Grenzen, etwa wenn eine Mutter den Gesichtsschleier nicht ablegt oder wenn deutlich wird, dass aufgrund der kulturellen Zugehörigkeit Differenzen bestehen bleiben.

Unsicherheit

Einige Eltern fühlen sich Ihnen gegenüber unsicher und schweigen deshalb. In diesem Fall sollten Sie bewusst versuchen, das Schweigen nicht mit einem Redeschwall zu überbrücken, sondern die Eltern immer wieder durch Fragen ins Gespräch einzubeziehen und ihre Kompetenz zu betonen. Fragen Sie gezielt nach der Meinung der Eltern (*„Was halten Sie denn von Maries Verhalten?", „Wann haben Sie das beobachtet?"*) und unterstreichen Sie die gemeinsame Verantwortung von Schule und Elternhaus: *„Lassen Sie uns gemeinsam überlegen ..."*

Auch positives Feedback und ein Betonen der Ressourcen dieser Eltern stärkt sie und kann zum angestrebten Kontakt auf Augenhöhe führen. Wenn das nicht hilft, können Sie die Situation auch direkt ansprechen: *„Sie sind die ganze Zeit so still. Kann es sein, dass ich an Ihnen vorbeirede? Was möchten Sie denn gern wissen?"*

Vielleicht haben die Eltern tatsächlich etwas auf dem Herzen, befürchten negative Neuigkeiten oder wissen schlicht nicht, was von ihnen erwartet wird. In diesem Fall bieten Sie ihnen mit dem Ausweichen auf die Metaebene zumindest die Option, das anzusprechen.

Misstrauen

Neben einer generellen Unsicherheit empfinden viele Eltern der Institution Schule gegenüber ein ausgeprägtes Misstrauen. Aus welchen Gründen auch immer – persönliche Erfahrungen, negative Erfahrungen mit anderen Behörden etc. – äußert sich diese Ablehnung oft in Schweigen, mürrischem Verhalten oder sogar Aggression. Entkräften können Sie derartige Vorurteile nur im Laufe der Beziehung durch einen wertschätzenden und transparenten Umgang.

Im Gespräch können Sie eine empfundene Ablehnung auch einmal ansprechen: *„Ich habe das Gefühl, dass Sie mir gar nicht so recht folgen, wenn ich Ihnen von Marcel erzähle. Haben Sie noch etwas anderes auf dem Herzen?", „Ich habe den Eindruck, Sie sind gar nicht richtig bei mir. Sie sind so still, habe ich irgendetwas gesagt oder getan, das Sie verärgert hat?"* Sicher wird sich kaum ein Elternteil daraufhin sofort öffnen und sein Innerstes nach außen kehren. Wiederholen Sie dann ruhig Ihr Gesprächsangebot oder die Frage. Benutzen Sie Ich-Botschaften, um Ihren Eindruck mitzuteilen, damit die Eltern Ihre Frage nicht als Vorwurf auffassen (*„Mir liegt wirklich viel daran, dass Sie mir helfen, Marcel besser zu verstehen. Schließlich kennen Sie ihn besser als irgendjemand sonst. Was meinen Sie?"*).

NOTFALL 4 | Wenn Eltern zu viel reden

Auch der gegenteilige Fall kommt vor – Eltern, die ohne Punkt und Komma reden. Zunächst einmal können Sie sich über diesen Vertrauensbeweis freuen. Wenn Ihnen die Vielredner aber die Zeit stehlen, die für andere Gespräche oder Tätigkeiten vorgesehen ist, oder wenn Sie merken, dass Ihr Gegenüber weit vom eigentlichen Thema abschweift, sollten Sie reagieren.

- ➜ Weisen Sie grundsätzlich zu Gesprächsbeginn auf den Zeitrahmen hin, der zur Verfügung steht, dann können Sie mit einem deutlichen Blick auf die Uhr und einer Bemerkung klarmachen, dass die gemeinsame Gesprächszeit abläuft. Bei besonders eng getakteten Gesprächen (z. B. beim Elternsprechtag) arbeiten einige Kollegen auch mit einer Eieruhr oder legen die Armbanduhr sichtbar auf den Tisch.
- ➜ Seien Sie deutlich, ohne die Eltern zurückzuweisen: *„Frau Meier, was Sie erzählen, finde ich wirklich wichtig. Das hilft mir sehr, Marcel besser zu verstehen. Wir müssen hier aber einen Punkt machen, denn in drei Minuten beginnt mein nächster Termin. Ich will Ihnen noch sagen, dass …"*
- ➜ Falls Sie tatsächlich einen besonderen Gesprächsbedarf vermuten, können Sie selbstverständlich auch einen weiteren Termin anbieten.
- ➜ Wenn Eltern dennoch weiterreden, können Sie Ihre Worte auch durch Körpersprache unterstreichen. Schieben Sie Ihren Stuhl zurück und machen Sie Anstalten, aufzustehen. Wenn Sie bereits stehen, dürfen Sie auch die Hand leicht an den Ellenbogen legen und die Mutter in Richtung Tür dirigieren.

NOTFALL 5 | Wenn Eltern sich über Ihre Kollegen beschweren

Unangenehm ist es in jedem Fall, wenn Eltern mit Beschwerden über andere Lehrkräfte zu Ihnen kommen. Leider gehört das zu den Situationen, mit denen Sie immer wieder rechnen müssen. Dabei geraten Sie schnell in eine Zwickmühle: Stimmen Sie den Eltern zu und artikulieren das auch, handeln Sie unkollegial. Außerdem müssen Sie damit rechnen, dass die Eltern Ihre Worte zitieren werden und Sie als „Zeuge" anführen *(„Herr Meier ist auch der Ansicht, dass ...")*. Wiegeln Sie dagegen ab, verlieren Sie das Vertrauen der Elternschaft und verhindern unter Umständen, dass eine problematische Situation geklärt wird.

Zunächst einmal sollten Sie sich klarmachen, dass es nicht Ihre Aufgabe ist, in einem Konflikt zwischen Eltern und einer anderen Lehrkraft zu entscheiden. Dafür ist im Zweifelsfall die Schulleitung zuständig. Meist liegt ja auch kein offensichtliches Fehlverhalten vor, sondern unterschiedliche Temperamente, Auffassungen und Vorstellungen prallen aufeinander. Fragen Sie daher zunächst einmal nach der Vorgeschichte des Konflikts und klären Sie, welche Schritte die Eltern bereits unternommen haben.

In der Regel ist es sinnvoll, Eltern und die entsprechende Lehrkraft zu einem klärenden Gespräch an einen Tisch zu bringen. Wenn Ihnen das hilfreich erscheint (z. B. wenn Sie Klassenlehrer sind und es sich um einen Konflikt mit einem Fachlehrer handelt), können Sie sich als Moderator anbieten (sprechen Sie das zuvor mit dem entsprechenden Kollegen ab). Erfragen Sie außerdem, ob bereits ein Gespräch mit der Schulleitung stattgefunden hat bzw. falls das zu keinem Ergebnis führte, ein Gespräch mit Lehrkraft und Schulleitung.

10 Tipps für „schwierige" Gespräche

1 Machen Sie sich Ihre Haltung klar!

„Man kann nicht nicht kommunizieren"[8] – alles, was wir sagen oder verschweigen, unsere Mimik, unsere Körperhaltung beinhaltet eine Botschaft an unser Gegenüber. Gerade vor „schwierigen" Gesprächen ist es deshalb hilfreich, sich die eigene Haltung und die Gefühle gegenüber einem Thema sowie der Person, mit der wir dieses besprechen wollen, bewusst zu machen.

2 Benennen Sie auch Ressourcen, die Sie sehen!

In einem Gespräch über „schwieriges Verhalten" eines Kindes entsteht schnell der Eindruck, dass „kein gutes Haar" am Kind gelassen wird. Sprechen Sie deshalb auch darüber, was Sie Positives sehen und welche Eigenschaften Sie am Kind (oder den Eltern) wahrnehmen, die zu einer Verbesserung der Situation genutzt werden können.

3 Hören Sie gut zu!

Wenden Sie sich Ihrem Gegenüber zu und halten Sie Blickkontakt.
Hören Sie genau hin, was Ihr Gegenüber sagt und wie es auf Sie wirkt.

4 Offen sprechen!

Sprechen Sie offen an, was Sie bewegt. Vermeiden Sie Vorwürfe und versuchen Sie, wertfrei zu schildern, womit Sie sich unwohl fühlen.

5 Sagen Sie „Ich"!

Sprechen Sie in der „Ich-Form", statt ins unpersönliche „man" zu verfallen. Wenn Sie aus Ihrer Perspektive schildern, worum es Ihnen geht, vermeiden Sie, dass Ihr Gegenüber das Gefühl bekommt, sich verteidigen zu müssen.

---

[8] *vgl. Paul Watzlawick: Man kann nicht nicht kommunizieren. Bern, 2011.*

6 Beschreiben Sie konkrete Situationen und Verhalten!

Vermeiden Sie Begriffe wie „nie" und „immer". Verallgemeinerungen fordern Ihr Gegenüber heraus, Gegenbeispiele zu benennen.

7 Bleiben Sie beim Thema!

Vermeiden Sie, Vergangenes wieder „aufzuwärmen". Dies führt in der Regel zu neuen Auseinandersetzungen, die die Lösung der aktuellen Schwierigkeiten erschweren.

8 Stellen Sie offene Fragen!

„Offene Fragen" ermöglichen es dem Gegenüber, frei zu antworten (sie beginnen häufig mit den Fragepronomen „wie", „weshalb", „wodurch", „woher/wohin"). Sogenannte „geschlossene Frageformen" engen die Antwortmöglichkeiten sehr ein, meistens auf „ja" oder „nein" oder auf eine bestimmte Information, z. B.: *„Wie kommt es, dass Justin morgens oft so müde wirkt?"* statt *„Wann geht Justin denn abends ins Bett?"*

9 Fassen Sie das Gehörte zusammen!

Wiederholen Sie mit Ihren eigenen Worten, was Sie verstanden haben. So hat Ihr Gegenüber die Möglichkeit, zu überprüfen, ob das Gesagte richtig bei Ihnen angekommen ist, und kann Missverständnisse korrigieren.

10 Geben Sie eine ehrliche Rückmeldung!

Schildern Sie, wie es Ihnen mit dem Gehörten geht.

Praktische Hinweise von A bis Z

Abgrenzen

Auch wenn es wunderbar wäre – nicht für jedes Problem existiert eine Lösung. Noch viel weniger liegt es in Ihrer Macht oder auch nur Verantwortung, eine Lösung zu finden. Bei allem Engagement, mit dem Sie Ihren Beruf ausüben und für Kinder und Eltern da sind – machen Sie sich von Zeit zu Zeit bewusst, dass auch in der Berufung der Beruf steckt. Allein aus Gründen des Selbstschutzes ist es sinnvoll, die professionelle Distanz zu bewahren. Doch auch im Interesse der Kinder sollten Sie Ihre Ressourcen schonend behandeln. In den letzten Jahren hat sich das gesellschaftliche Umfeld verändert und viel davon kommt direkt in den Schulen an. Scheidungsfamilien, berufliche Umbrüche, persönliche Belastungen, Abwesenheit von festen Strukturen und Sicherheiten für viele Eltern sind nur einige Situationen, die viele Lehrkräfte beobachten und die wütend, hilflos oder betroffen machen. Gerade wenn das geschieht, müssen Sie darauf achten, die notwendige Distanz nicht zu verlieren. Zum einen, weil Sie die Eltern nur erreichen, wenn es Ihnen gelingt, wertschätzend und auf Augenhöhe mit ihnen zu reden. Zum Zweiten, weil Veränderung ohnehin nur stattfindet, wenn Eltern von sich aus dazu bereit sind. Sie können dazu nur beitragen, indem Sie die Familien beratend begleiten. Verlieren Sie nicht aus den Augen, dass Ihre Einflussmöglichkeiten und Ihre eigenen Ressourcen begrenzt sind. Sie können als Pädagoge im Gespräch beraten und begleiten, aber nie eine Familie ändern. Sie können den Eltern Ihre Beobachtungen mitteilen und dabei helfen, Unterstützung zu finden. Es liegt aber nicht in Ihrer Hand, ihre Probleme zu lösen. Die Verantwortung, wie eine bestimmte Familie lebt und welche Maßstäbe sie bei der Erziehung anlegt, bleibt letztlich immer bei der Familie.

Beschwerdemanagement

Mit Konflikten umzugehen, ist nicht einfach. Dabei steckt in der Auseinandersetzung auch die Chance, sich zu verbessern und zu wachsen – sowohl als Persönlichkeit als auch als ganze Organisation. Zum produktiven Umgang mit Kritik gehört deshalb mehr als die richtige Gesprächstechnik. Es handelt sich vielmehr um eine Frage der Einstellung, wenn Beschwerden als Chance wahrgenommen werden und nicht in erster Linie als Angriff. Ein Instrument für einen konstruktiven Umgang mit Kritik ist ein gutes Beschwerdemanagement. Nach dem Motto „Nichts ist so gut, dass es nicht noch besser werden könnte" sind Eltern dabei eingeladen, ihre Meinung einzubringen. Das heißt nicht, jedem Wunsch und jeder Beschwerde nachzugeben. Eine Schule, die Kritik annimmt, signalisiert aber, dass Eltern als Erziehungspartner gesehen werden, deren Meinung man ernst nimmt und respektiert.

Du-Botschaften

Von Du-Botschaften fühlen sich viele Menschen angegriffen, weil sie schnell zuweisen, statt zu fragen oder zu beschreiben. Ersetzen Sie ein anklagendes *„Lisa stört den Unterricht“* durch Ihre Beobachtung *„Ich habe den Eindruck, dass Lisa im Unterricht oft nicht bei der Sache ist“*. So geben Sie Ihrem Gesprächspartner die Möglichkeit, auf die Sache einzugehen, ohne sich persönlich angegriffen zu fühlen.

E-Mails

Bauen Sie sich einen E-Mail-Verteiler auf, um Eltern schnell und unkompliziert zu erreichen. Ob die Familien mit der Information per E-Mail einverstanden sind, fragen Sie am besten gleich beim ersten Elternabend ab. E-Mails an die Eltern benötigen einen aussagekräftigen Betreff, eine höfliche Anrede, eine freundliche Grußformel und eine Signatur mit Ihrem Namen und Kontaktdaten. Der eigentliche Text sollte nicht zu lang sein (ca. ein Drittel einer DIN-A4-Seite). Für kurze Nachrichten und organisatorische Informationen an alle Eltern bietet sich auch der Dienst WhatsApp an. Klären Sie beim nächsten Elternabend, ob Interesse an einer Gruppe besteht.

Fragen

„Wer fragt, führt“ weiß eine Redewendung. Unterschieden werden offene Fragen (W-Fragen), die den anderen zum Reden animieren, und geschlossene Frage, die sich mit „ja“ oder „nein“ beantworten lassen. Fragen können außerdem Sachverhalte präzisieren, indem der Gesprächspartner aufgefordert wird, etwas genauer oder detaillierter zu schildern. Mit solchen Fragen lassen sich emotionale Gespräche oft versachlichen.

Hospitation

Hospitationen im Unterricht sind ein ausgezeichnetes Mittel, um Eltern den Schulalltag nahezubringen und um sich besser kennenzulernen. Laden Sie schon beim ersten Elternabend dazu ein und erneuern Sie dieses Angebot regelmäßig! Sie können auch Eltern persönlich einladen, zu hospitieren, um sich einen Eindruck zu verschaffen. Nehmen Sie sich anschließend Zeit für ein kurzes Gespräch, in dem Sie die Eltern nach ihren Eindrücken befragen und Fragen beantworten.

▸ Initiative ergreifen

Als Pädagoge sind Sie Profi in Sachen Gesprächsführung. Es liegt an Ihnen, mit der richtigen Einstellung, passenden Gesprächstechniken und guter Vorbereitung die Voraussetzungen für gelingende Gespräche zu schaffen. Zeigen Sie gleich zu Gesprächsbeginn Initiative und erläutern Sie, wohin die Reise gehen soll: *„Guten Tag, Frau Maier, ich freue mich, dass Sie heute gekommen sind. Ich habe um ein Gespräch gebeten, weil ich …"* oder *„Ich freue mich, dass Sie auf mich zugekommen sind, um über … zu sprechen".*

▸ Klar sein

Drücken Sie sich eindeutig und verständlich aus und vermeiden Sie Weichmacher (vielleicht, eventuell, manchmal, könnte, sollte, würde) und Verallgemeinerungen (immer, nur, man müsste).

▸ Miteinander ins Gespräch kommen

Es ist nicht immer einfach, die Eltern kennenzulernen. Viele arbeiten und kommen nur selten oder nie in die Schule. Umso wichtiger sind informelle Gesprächsanlässe, um miteinander ins Gespräch zu kommen und einander kennenzulernen. Betrachten Sie Aktivitäten wie Schulfeste, Konzerte, Wandertage, Verschönerungsaktionen im Klassenzimmer oder Schulhof auch als Gelegenheiten zum Kennenlernen und gehen Sie gezielt auf die anwesenden Eltern zu.

▸ Paraphrasieren

Unter Paraphrasieren versteht man eine Gesprächstechnik, bei der das Gesagte wiederholt oder in eigenen Worten noch einmal wiedergegeben wird. Damit soll das Verständnis des Gesagten überprüft werden. Man kann auch die Gefühle in Worte fassen, die hinter dem Gesprochenen stehen *(„Das hört sich an, als würden Sie zur Zeit ganz schön unter Druck stehen.").*

▸ Regelmäßige Informationen

Informieren Sie Eltern regelmäßig über die Arbeiten und die Leistungen ihrer Kinder. Je enger dieser Kontakt, desto schneller können Sie reagieren, wenn es notwendig ist. Ein gutes Instrument ist das Portfolio. Diese Mappe, die in Kindertagesstätten gang und gäbe ist, sammelt Arbeiten der Kinder und dokumentiert ihre Entwicklung. Auch viele Grundschulen arbeiten schon mit solchen Portfolios, Lernentwicklungsberichten oder Lerntagebüchern.

▸ Sachlich sein

Statt Vorwürfen sollten Sie sachlich schildern, was Ihnen auffällt: *„Marcel hat das Etui von Lisa eingesteckt, ohne zu fragen. Als sie ihn darauf angesprochen hat, hat er sie mit der flachen Hand ins Gesicht geschlagen."* Eltern haben im Gespräch schnell den Eindruck, auf der Anklagebank zu sitzen. Wirken Sie dem mit Sachlichkeit und Interesse für ihren Standpunkt entgegen.

▸ Telefongespräche

Nicht immer muss ein Gespräch persönlich geführt werden, auch am Telefon lassen sich Absprachen treffen und Organisatorisches besprechen. Grundsätzlich gilt jedoch, dass Telefonate eher für kurze, sachliche Gespräche geeignet sind als für Beratungs- oder gar Konfliktgespräche.
Ausnahme: Wenn Sie mit den Eltern einer Klasse regelmäßige Telefonate vereinbart haben, um sie über den aktuellen Stand der Dinge in Bezug auf das jeweilige Kind zu informieren, ist es eine gute, zeitsparende Möglichkeit, pro Woche zwei bis drei Eltern anzurufen. Müssen Fragen geklärt oder Probleme besprochen werden, sollten Sie aber auch in diesem Fall lieber das persönliche Gespräch vorschlagen.

▸ Vorwürfe

Vorwürfe führen in der Regel zu nichts – fragen Sie lieber nach den Ursachen oder fordern Sie die Eltern auf, eigene Vorschläge zu machen. Statt *„Sie müssten einfach dafür sorgen, dass Marcel pünktlich zum Unterricht kommt"* besser *„Gerade morgens verpasst er viel. Wie können wir es hinkriegen, dass Marcel rechtzeitig in die Schule kommt?"* oder *„Haben Sie eine Idee, was wir da machen können? Was haben Sie denn schon versucht?"*

▸ Wertschätzung

Eine wertschätzende Haltung ist die wichtigste Zutat für gelingende Gespräche. Eltern wünschen sich, dass sie von Ihnen akzeptiert und anerkannt werden – vermitteln Sie ihnen diese Einstellung und versuchen immer wieder, das Positive in den Handlungen zu erkennen.

▸ Zeitmanagement

Von einem klaren Zeitrahmen profitiert jedes Elterngespräch. Zum einen beugen Sie damit der eigenen Überlastung vor. Zum anderen helfen deutliche Ansagen über die zur Verfügung stehende Zeit auch den Eltern, sich auf das Wesentliche zu fokussieren. Wenn Sie einen Zeitrahmen ankündigen, sollten Sie sich daran halten.

Medientipps

Susanne Dannhorn:
36 Elternbriefe in 7 Sprachen: Arabisch, Bosnisch, Kroatisch, Serbisch, Polnisch, Russisch, Türkisch.
PDF-Download unter:
www.verlagruhr.de/shop

Maike Grunefeld, Silke Schmolke:
Individuelles Lernen mit System. Ein praxiserprobtes Jahrgangskonzept für alle Grundschulklassen.
Verlag an der Ruhr, 2011.
ISBN 978-3-8346-0765-2

Anke Hennig, Sabine Willmeroth:
111 Ideen für eine gewinnbringende Elternarbeit. Vom Elternabend bis zum Konfliktgespräch.
Verlag an der Ruhr, 2012.
ISBN 978-3-8346-0935-9

Kerstin Klein:
KlassenlehrerIn sein.Das Handbuch. Strategien, Tipps, Praxishilfen.
Verlag an der Ruhr, 2006.
ISBN 978-3-8346-0154-4

Ulrike Lindner:
Elternabend in der Grundschule. Einfach vorbereiten, professionell durchführen, lebendig gestalten.
Verlag an der Ruhr, 2013.
ISBN 978-3-8346-2304-1

Werner Sacher:
Elternarbeit schülerorientiert.
Cornelsen Scriptor, 2009.
ISBN 978-3-589-05148-9

Elke Schlösser:
Zusammenarbeit mit Eltern – interkulturell.
Ökotopia, 2004.
ISBN 978-3-9362-8639-7

Ralph Zeiler:
Kollegiale Fallberatung in der Schule – warum, wann und wie?
Verlag an der Ruhr, 2012.
ISBN 978-3-8346-2235-8

Lösungsvorschläge zur Übung: „Inneres Drehbuch umschreiben" *(siehe S. 138)*

→ *Statt:* *„Ihr Sohn stört das Arbeitsklima in der Klasse."*
Besser: *„Ihr Sohn ist sehr aktiv und fordert unsere ganze Aufmerksamkeit."*

→ *Statt:* *„Wenn Sie Marie nicht logopädisch fördern lassen, dann ..."*
Besser: *„Wenn wir in Bezug auf die Sprachentwicklung wissen, wo wir genau stehen, können wir Marie hier bei uns in der Schule und bei Ihnen zu Hause am besten fördern."*

→ *Statt:* *„Mit Ihren Erziehungsmethoden verstärken Sie das Problem noch."*
Besser: *„Ich weiß, Sie wollen das Beste für Ihr Kind. Können Sie sich vorstellen, einmal Folgendes auszuprobieren? ..."*

→ *Statt:* *„Paul ist entwicklungsverzögert."*
Besser: *„Paul geht in seinem eigenen Tempo an die Dinge heran. Er kann hier noch Fortschritte machen."*

→ *Statt:* *„Wir erwarten mehr Kooperation von unseren Eltern."*
Besser: *„Wir wollen gemeinsam mit Ihnen das Beste für Lara erreichen." oder „Ihre Einschätzung hilft uns sehr."*